악마의 미학

악마의 미학

타락과 위반의 중세 미술,
그리고 발튀스

백상현 지음

현실문화

à Jisuk

차례

일러두기

1. 주석은 모두 지은이 주이다.

2. 본문에서 인용한 성경 구절은 개역개정판(대한성서공회, 1998)의 온라인 페이지를 참고했다.

3. 제목 표기 시 국문 논문명과 성서의 하위 문서 제목은「 」로, 국문 단행본 제목은『 』로, 작품명 등은 〈 〉로 표기했다. 또한 외국어 논문 제목은 " "로, 외국어 단행본 제목은 이탤릭체로 표기했다.

4. 외국 인명 표기는 국립국어원에서 펴낸 외래어 표기법을 준수하되, 국내에서 널리 사용되는 인명은 관행을 따랐다.

프롤로그: 과연 예술은 우리의 방황을 치유하는가?

"그림을 보면 치유되는 느낌이 들어"라고 사람들은 말한다. 작품 속의 아름다움은 들뜬 가슴을 진정시키고 동요하는 심리에 평온을 가져온다는 생각에서 나온 말일 것이다. 아리스토텔레스가 비극을 논하면서 말했던 예술적 카타르시스처럼, 예술작품이 마음에 일렁이던 파도를 잔잔한 호수와 같이 만들어준다는 견해는 예술이라는 실천을 일종의 심리치료로 간주한다.

    이에 따르면, 미술관에 가는 것은 치료를 위해 요양원을 찾는 것과 별반 차이가 없다. 보다 고상해 보이기는 해도 어쨌거나 예술은 심리치료와 동일한 방식으로 우리의 지친 영혼을 잠들게 하고 또다시 반복될 일상을 위한 휴식이 되어준다. 그리고 우리는 이것이 '좋은 예술'의 역할이라고 배웠다.

그러나 이 책은 그와는 전혀 다른 이야기를 전하려 한다. 그러한 견해의 반대편에서 전개되는, 타락한 예술적 욕망의 계보를 좇는 여정을 시작하려 한다. 여기서는 상처를 치유하기는커녕 덧나게 하고, 평온하지 못하도록 흔들림을 조장하며, 그러한 흔들림 끝에서 우리의 존재를 방황하게 만드는 예술의 전혀 다른 기능을 탐사하고자 한다. 악마적인, 너무나도 악마적인 기능을. 이 책이 다루고자 하는 예술의 기능은 아름다움에 관해 알려진 모든 질서와 규범을 흔들고, 미와 추를 혼동하게 만들며 전통과 이단을 뒤바꾸어 선과 악의 자리를 전위해버린다. 그리하여 마침내 무엇이 삶의 토대이고 현실인지, 무엇이 인간을 미혹하는 환영인지에 대한 판단조차 불가능한 영역으로 주체를 밀어 넣는, 그와 같은 예술의 악마적 기능을 작동시키는 욕망은 어떠한 구조를 가지고 있는가에 대해 탐사하려 한다.

그러나 오해하지는 말기를. 여기서 말하는 '악마적인'이라는 형용사는 중세의 신실한 신학자들이 가장 성스러운 예수의 흔적을 묘사할 때에 사용했던 비유사성의 논리에 근거한 것이니 말이다. 이 이야기는 가장 성스러운 것이 가장 퇴폐적인 형상 속에 감추어져 있을 것이라 생각하며 쓰레기 더미에서 신을 찾아 헤매던 수도사들의 전통에 바탕을 두고 있다. 이 책이 따르려는 것은 바로 그와 병적인 작품들의 연대기가 보여주는 것은 존재를 흔드는 악마적 아름다움의 계보학이고, 미술사의 진리 기능이지 않았는가? 올바름에 관한 통념을 포기하도록 만들고야 마는 타락의 윤리, 타락하여 몰락에 이르지 않는다면 진리는 시작조차 될 수 없다고 주장하는 몰락의 윤리, 몰락의 폐허에서 자신만의 진실함을 스스로 발명해내고 그것을 지켜내기 위한 투쟁을 지속할 것을 요청하는 방황의 윤리가 그곳에 있다. 현재의 신화를 믿을 수 없게 된 마음의 병자들이 그 병으로 인해 방황을 시작하고, 마침내 그 여정 속에서 각자의 새로움을 창조해내는 진리 발명의 절차가 그곳에 있다.

이 책을 통해 내가 말하고자 하는 것은 바로 이러한 진리관이며 세계관이다. 절망한 자들의 진리관인 동시에 타락한 자들의 세계관, 우울증자의 심리학인 동시에 몰락의 장소에서 매번 다시 시작하는 히스테리증자의 사회학, 물신숭배를 통해 세계 권력에 대항하는 성도착의 정치학, 공백을 사랑함으로써 공백 자체가 되려는 '궁정풍 사랑'의 성애학에 관한 것이다. 그런 의미에서 이 책은 병적인 것의 미학이 타락의 윤리와 교차하는 지점으로, 신성과 신성모독이 뒤섞이는 장소로 독자들을 초대하고자 한다. 그곳에서 여러분 모두가 진리의 병에 감염될 수 있기를 기대하며, 감염된 후에는 각자의 진리를 각자의 영역에서 재발명해낼 수 있기를 기원하며, 진리의 전염병에 관한 한 편의 잔혹한 우화를 이제 시작하려고 한다.

1장. 회화의 히스테리적 욕망에 관하여: 베일의 전통

"모방자는 자기가 모방하는 것들에 대해 언급할 가치가 있는 것은 아무것도 알지 못한다는 것, 이 모방은 일종의 놀이이지, 진지한 것이 못 된다는 것(…)."

— 플라톤,『국가』

"너를 위하여 새긴 우상을 만들지 말고 또 위로 하늘에 있는 것이나 아래로 땅에 있는 것이나 땅 아래 물속에 있는 것의 어떤 형상도 만들지 말며 그것들에게 절하지 말며 그것들을 섬기지 말라."

—「출애굽기」20장 4~5절

그림자의 그림자놀이로서의 회화

흔히 세상을 한 폭의 그림에 비유하곤 한다. 그래서 특별히 아름다운 풍경 앞에서는 감탄이 터져 나오기 마련이다. '그림 같은 세상' '한 폭의 수채화' 같은 표현들 앞에서 특히 난처해지는 것은 화가들이다. 이미 그 자체로 충분히 아름다운 것이 세상이라면, 화가들은 어째서 '그림의 그림'을 그려야 하는지에 관한 질문이 제기될 수 있기 때문이다. 자연의 아름다움을 찬미하는 고전주의적 생각들은 그렇게 화가들을 곤궁에 빠뜨리고 만다. 아무리 잘 그려봐야 자연을 따라가지 못할 화가들의 숙명은 화가의 존재이유에 치명상을 입힐 수 있기 때문이다. 물론 화가들의 반박도 만만치는 않았다. 그중에서도 명민한 화가들은 이렇게 말해왔다. "우리가 눈으로 보는 세상의 이미지는 실재가 아니다." "세상 역시 하나의 그림자에 불과할 뿐이다." "화가는 이 같은 세상-그림의 이미지를 모사하는 것이 아니다." 이들에게 회화는 오히려 세상의 이미지와 경쟁하는 수단이었다. 세상이 한 폭의 그림이라면 화가들 역시 그에 필적하는 그림을 그려냄으로써 세상의 이미지가 보여주지 못했던 것들을 드러낼 수 있다고 자신했다. 눈으로만 바라보던 세상이 제대로 드러내지 못했던 어떤 것을 화가들의 그림은 보여줄 수 있다는 것이다. 이 '어떤 것'은 아름다움의 정수일 수도 있고 진리일 수도 있다. 화가들은 그렇게 세계-이미지와 경쟁하면서 자신들의 존재이유를 보장받으려고 했다.

물론 이런 주장은 그다지 새롭지 않다. 기원전 4세기경 아테네의 철학자 플라톤이 이미 그에 대한 반박의 논리를 세워놓았던 것만 보아도 그렇다. 서구 고전철학의 창시자인 플라톤은 화가들을 가장 불편하게 만들었던 인물이기도 했다. 먼저 플라톤은 세상이 일종의 그림이라는 화가들의 생각에는 동의했다. 그는 진리가 세상 저 너머에 이데아의 형식으로 존재하기 때문에 눈에 보이는 세상이란 진리의 그림자에 불과하다는 유심론적 사유를 펼쳐왔다. 그럼에도 플라톤은 세상의 이미지가 가진 진실성을 높이 평가했다. 그것이 그림자이긴 하지만 가장 첫 번째 그림자로서 비교적 정확한 그림자, 진리에 가장 근접한 복사본이기 때문이다. 그에 따르면 세상의 이미지는 그 어떤 화가들의 그림보다 언제나 먼저 존재한다. 하지만 회화는 또 한 번의 모방이기에 **'그림자의 그림자놀이'**에 불과했다. 그런 의미에서 플라톤은 화가를 비롯한 모든 예술가들을 싸잡아 다음과 같이 비난했다. "예술가들의 그림자놀이가 세상을 타락시킨다." 심지어 예술가들을 추방해야 한다는 과격한 주장도 서슴지 않았다. 그렇게 하지 않는다면 예술가들이 아름다움을

왜곡하고 진리의 타락을 초래할 것이라고 그는 주장했다.[1]

그런데 플라톤의 주장 이면에는 한 가지 사실이 은폐되어 있다. 라깡이 『자크 라캉 세미나 11』에서 슬쩍 지나가는 말투로 언급했던[2] 그것은 플라톤이 예술가들을 저잣거리의 흔한 사기꾼으로만 보았던 것은 아니라는 사실이다. 플라톤에게 있어 예술가들은 단순한 사기꾼이라기보다는 위협적인 경쟁자였다. 그와 예술가들은 진리에 접근하는 방식의 정당성을 놓고 투쟁하는 관계였던 것이다. 로고스logos의 철학자였던 플라톤은 언어적 사유를 통해 세상의 이미지가 은폐하고 있는 진리에 접근할 수 있다고 생각했다. 반면 예술가들은 파토스pathos, 즉 감각적인 것 또는 병리적인 것으로 간주되는 방식을 통해 진리에 접근할 수 있다고 주장했다.[3] 그런 의미에서 예술가들은 단순한 모방자가 아니었던 것이다. 화가들이 그리는 그림은 세상의 이미지를 수동적으로 모사하는 수준에서 그치지 않는다. 철학자들이 그러하듯이 화가들 역시 세상의 이미지라는 대상을 분석하고 분해하여 해체하거나 재조합하는 방식으로 그것 너머의 진리에 접근하려고 한다. 그들은 철학자에게 병적인 것이라고 비난받는 감각적 테크닉을 사용하여 진리의 장소에 접근하고 있을 뿐이다.[4] 예술가들에 대한 플라톤의 적대감은 바로 여기서

기인했다. 예술가들이 사용하는 감각의 방법론은 철학자의 그것과 너무도 상반된 것이었기 때문이다. 플라톤에게 감각적 테크닉으로부터 출발하는 예술가들의 시도는 진리를 왜곡시키고 병들게 만든다는 점에서 위험한 도전으로 보였을 것이다. 보다 엄밀히 말해 예술은 진리에 관한 전혀 다른 접근법을 제시하며 철학과 경쟁하고 있었던 것이다. 요컨대 예술은 진리를 발견하려는 것이 아니라 창조하려는 욕망에서 비롯된 것으로서, 플라톤의 고전주의적 관점에서는 결코 용납될 수 없었다.

1. 플라톤은 『국가』에서 예술가들이 사는 거리에 위병소를 세워야 한다고 주장했다. "그러고 보니, 수호자들로서는 여기 어딘가에, 즉 시가에다 위병소를 지어야만 할 것 같으이." 예술가들의 단순한 놀이가 국가를 전복시킬 수 있기 때문이라는 주장이다. 플라톤, 『국가·政體』, 박종현 역주, 서광사, 1997. 424c.

2. "그림이 경쟁하는 것은 외양이 아니라 플라톤이 외양 너머에 있는 이데아라고 지칭한 것입니다. 플라톤이 자기 활동의 경쟁 상대라도 되는 듯 회화를 공격한 것은 그림이란 외양을 만들어내는 것이 외양 자체라는 점을 보여주는 외양이기 때문이지요." 자크 라캉, 자크-알랭 밀레 편, 『자크 라캉 세미나 11: 정신분석의 네 가지 근본 개념』, 맹정현·이수련 옮김, 새물결, 2008, 173쪽.

3. 여기서는 예술의 본성을 규정하는 개념 중 '에로스'는 사용하지 않을 것이다. 만일 조화와 균형에 도달한 에로스가 있다면 그것은 이미 로고스이지 에로스가 아니기 때문이다. 또한 파열과 균열로 추락하는 에로스가 있다면 그것은 이미 파토스다. 필자는 그런 관점에서 오직 로고스와 파토스의 구분만을 사용하고자 한다.

4. 진리에 도달하는 일에 있어서 논리적 언어가 왕도인지, 병리적이고 감각적인 증상이 왕도인지에 대한 일반적인 생각은 언제나 전자에 우선권을 주는 것이었다. 오직 프로이트와 라캉의 정신분석이 이러한 관계를 뒤집을 수 있었다. 특히 라캉의 정신분석은 병리적 증상에 대한 신뢰만이 무의식의 진리에 접근할 수 있는 유일한 가능성이라고 강조하고 있다. 로고스적인 것과 병리적인 것의 이 같은 대립 이론은 이 책에서 가장 중요한 이론적 기둥이다. 보다 자세한 논증은 2장에서 발뷔스에 관해 이야기하면서 펼쳐볼 것이다.

제욱시스와 파라시오스

철학자와는 전혀 다른 관점에서 진리를 사유하려
했던 화가들의 전통에서 가장 오래된 이야기는 단연
제욱시스와 파라시오스의 일화라고 할 수 있다. 로마의
역사가 대 플리니우스는 플라톤과 동시대를 살았다고
알려진 두 화가의 이야기를 우리에게 전해준다. 먼저
제욱시스는 사실주의 기법에 탁월한 화가였다. 명암법을
자유로이 다룰 줄 알았고 원근법에 관한 기술 역시
뛰어났던 제욱시스는 현실에 버금가는 사실적인 이미지를
창조해낼 줄 아는 화가였다고 한다. 제욱시스의 그림
실력에 관한 전설은 그가 포도송이를 그려 새들을
유혹했다는 이야기에서 정점에 달한다. 아테네의 그림
경연대회에 출전했던 제욱시스가 포도송이와 소년을
그린 그림을 공개하자 이것을 실제 포도로 착각하여 쪼아
먹으려는 새들이 날아들었다는 전설이 그것이다.

실제 포도와 구별할 수 없을 만큼 사실적인
이미지를 그려낸 제욱시스. 그는 실제 사물들의 사실성과
일치하는 허구적 사실성을 창조해낼 줄 알았던 인물이다.
그러나 전설이 이대로 끝났더라면 회화의 딜레마에
관한 우리의 질문은 전혀 해결되지 않은 채로 남겨졌을
것이다. 이미 세상이 한 폭의 그림과 같은 것이라면 어째서
화가들은 또다시 그림을, 그림자의 그림자인 그것을

미켈란젤로 메리시 다 카라바조, ‹젊은 바쿠스›, 1595년경.

그리려고 하는가에 대한 질문 역시 여전히 풀리지 않은 채로 남겨질 것이라는 말이다. 제아무리 제욱시스라 해도 세상의 이미지를 넘어설 수는 없을 테니까. 실제와 구별할 수 없는 그림의 창조자라는 평가는 그의 작품이 실제가 가진 사실성의 한계 안에서 한 발짝도 벗어날 수 없었다고 이해될 수도 있기 때문이다. 그가 그린 포도 이미지는 세상에 이미 존재하는 포도의 형상과 어깨를 나란히 할 수 있을지는 몰라도 넘어설 수는 없기 때문이다. 그런 의미에서 제욱시스는 철학자들의 화가라고 할 수도 있겠다. 여전히 그는 철학자들이 예술가에게 부여한 소박한 영역에 머물러 있기 때문이다. 그러나 다행히도 이야기는 여기서 끝나지 않는다. 두 화가의 전설은 단지 사실주의라는 일차적인 단순성을 전달하는 데 그치지 않는다. 전설의 진정한 의미는 파라시오스의 이야기에서 비로소 완성될 것이기 때문이다.

파라시오스는 제욱시스와 경쟁하기 위해 등장하는 이야기 속의 또 다른 화가다. 포도송이를 그리고 난 뒤 의기양양했던 제욱시스는 자신의 경쟁자인 파라시오스의 작품이 공개되기를 기다렸다. 그런데 잠시 후 공개된 파라시오스의 그림은 모두에게 충격을 주었다. 그가 그린 것은 다름 아니라 베일이었기 때문이다. 그것이 그림인지 몰랐던 제욱시스는 어서 베일을 걷어 그 뒤의 그림을 보여달라고 재촉했다. 말을 끝마치기도 전에 베일 자체가 그림이었다는 사실을 알게 된 제욱시스는 파라시오스의 승리를 인정할 수밖에 없었다. 이처럼 아리송한 이야기 속에 숨겨진 뜻은 무엇일까? 후에 세네카가 미학의 본질에 관한 아이디어를 얻을 수 있도록 자극하고, 이후로도 헤겔을 비롯한 수많은 철학자들로 하여금 예술의 본질에 관한 질문을 던지게 한 이 우화에서 우리가 만나게 되는 진실은 무엇일까?

먼저 겉으로 드러난 사실에 주목해보자. 제욱시스는 자신의 그림은 새의 눈을 속였을 뿐이지만 파라시오스의 베일-그림은 인간의 눈을 속였으므로 더 위대하다고 말했다. 이와 같은 판단의 배경에는 인간의 눈이 새의 눈보다 더 정확하게 사물을 본다는 인식이 깔려 있다. 그것이 사물의 외관이건, 그 너머의 진리이건, 인간은 새가 보지 못하는 것을 볼 수 있다는 것이다. 그러니 인간은 새처럼 쉽사리 속아 넘어가지 않을 것이라는 주장도 가능해진다. 바로 그런 인간의 눈을, 더구나 날카로운 관찰력의 소유자였던 화가 제욱시스 자신의 눈을 속인 것이었으니 그 뛰어남을 인정할 수 있다는 것이다. 그러나 이게 전부인가? 여기서 우리는 논의의 초점이 눈을 속이는 행위에 모이고 있음에 주목해야 한다. 그림이란 누군가의 눈을 속이는 기능을, 서구 미술이 '트롱프뢰유$^{trompe-l'œil}$'

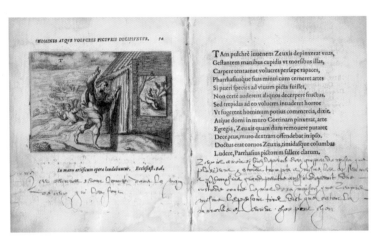

T Am pulchrè iuuenem Zeuxis depinxerat vuas,
Gestantem manibus cupidis vt morsibus illas,
Carpere tentarent volucres persæpe rapaces,
Pharrhasiusque suas minui cum cerneret artes
Si pueri species ad viuum picta fuisset,
Non certè auderent aliquos decerpere fructus.
Sed trepidas ad eo volucres inuaderet horror
Vt fugerent hominum potius commercia, dixit.
Atque domi in muro Corrinam pinxerat, arte
Egregia, Zeuxis quam dum remouere putaret
Deceptus, muro dextram offendebat in ipso.
Doctus erat cornos Zeuxis, timidasque columbas
Ludere, Parrhasius pictorem fallere clarum.

In manu artificum opera laudabuntur. Ecclesiast. 9.d.

제욱시스와 파라시오스의 일화가 담긴 그림.
대 플리니우스의 『박물지Naturalis Historia』에 수록.

라고 명명하는 것을 수행하는 도구일 뿐이라는 인식이
이 우화를 지탱한다. 그림자의 그림자를 창조해내면서도
마치 그것이 그림자가 아닌 듯 속이는 능력을 보여주는
행위가 곧 회화라는 인식 말이다. 아마도 전설의 배경에는
회화에 대한 고전주의적 사고가, 즉 화가들을 낮추어 보게
만들었던 아주 오래된 고정관념이 깔려 있었을 것으로
추정해볼 수 있다. 이 전설을 만들고 구전한 사람들은
회화를 흉내 내는 행위이자, 눈을 속여 현혹시키는 일로
간주했을 것이다. 정확히 플라톤이 그러했던 것처럼.

그러나 우리는 이 우화를 전혀 다른 각도에서
살펴볼 수도 있다. 먼저, 제욱시스가 탐스러운
포도송이라는 대상을, 즉 눈이 탐닉할 만한 대상을
제시했다는 점을 기억하자. 다른 모든 화가들이
그러하듯이 제욱시스는 눈으로 알아보고 또한 즐길 수도
있는 이미지를 재현하고 있다. 여기서 '알아본다'는 것은
그려진 이미지가 관객이 속한 세계의 이해를 벗어나지
않는다는 것을 뜻한다. 제욱시스의 이미지는 세계의
고정관념의 한계 안에 머물러 있다. 따라서 관객의 응시
역시 그림의 한계를 넘어서지 않으며, 세계의 한계 또한
넘어서지 않는다. 그런 의미에서 제욱시스의 그림은
이미지로 관객의 시선을 사로잡는 일종의 덫이다. 그림은
자신의 아름다움과 사실성을 자랑하며 관객의 시선이

요구하는 쾌락을 만족시키는 방식으로 응시의 욕망을
진정시키고 있기 때문이다. 그러나 파라시오스는 다르다.
바로 여기에 회화에 대한 또 다른 인식의 가능성이 숨겨져
있다. 파라시오스가 그린 것은 베일이며, 이것이 가리는
기능을 수행한다는 사실에 주목해보자. 그 때문에 경쟁자
제욱시스는 그것을 눈으로 감상하는 대신 걷어젖히려고
하지 않았던가? 그런 의미에서 파라시오스가 그린 것은
시선의 대상이 아니라 시선의 폐지, 또는 불가능성이라고
말할 수 있다. 그것은 세계의 이미지를 드러내는 것이
아니라 오히려 가리는 그림이었다. 따라서 관객의 시선은
그려진 이미지에 머물 수 없다. 관객은 자신 앞에
제시된 불가능성을 제거하고 그 너머를 보려는 욕망에
사로잡힐 뿐이다.

우리가 파라시오스의 그림으로부터 경험하게 되는
것은 그와 같은 욕망의 해방이다. 제욱시스가 실재하는
사물과 똑같이 아름다운 이미지를 그려냄으로써
관객의 보려는 욕망을 만족시키고 그들을 심리적으로
진정시키려 했다면, 파라시오스는 그러한 욕망이 다시
풀려나가도록 하는 위험한 작품을 그려내고 있었던
것이다. 파라시오스의 그림은 주어진 이미지의 세계에
머물지 않으며, 주체를 초과하는 욕망의 장소로 데려간다.
그것은 우리의 시선을 만족시켜 멈추게 하지 않는다.

오히려 그것은 대상의 부재를 드러냄으로써 보려는 욕망을
증폭시킨다. 그리하여 보존된 응시는 세상이 제시하는
그 어떤 아름다움에도 만족하지 못하는 욕망의 덫에
사로잡힌다. 그리고 이것은 제욱시스의 그림이 기능하는
덫과는 전혀 다른 종류의 함정이다. 진리에 대한 욕망의
덫, 무한성의 덫이라고도 할 수 있을 이것은 유한성의
철학자였던 플라톤의 고전주의적 세계관을 위협하기에
충분한 욕망의 형식, 일종의 죽음충동과 같은 것이다.
그것은 코스모스의 세계를 넘어서 카오스로 나아가기를
두려워하지 않는 응시의 충동이기 때문이다.

성상파괴

플라톤 이후의 철학이 회화를 비롯한 예술 장르들에 대한
경계를 늦추지 않았던 것은 그런 이유 때문이었다. 고대
그리스의 고전주의적 전통에서 화가는 '가만두어서는
안 되는 국가의 반역자들' '이성을 타락시키는 병리적
흑마술의 추종자들'로 간주되었다. 그리하여 화가들은
스스로 자세를 낮추고 겸손함이라는 가면을 써야 했다.
물론 그들의 속마음이 진정으로 그러했는지는 별개의
문제이지만 말이다. 그들은 자신들의 예술을 진리를
왜곡시키는 하찮은 병리적 감각의 유희로 간주했을까?
또는 철학자들이나 사제들의 교리와는 비교할 수 없는,

소박하고 단순한 기쁨의 표현으로 간주했을까? 그렇지 않을 것이다. 최소한 몇몇 대담한 예술가들은 자신들의 행위가 감추고 있는 진리와의 근접성을 인식하고 있었을 것이다.

　　그럼에도 역사는 화가들에게 잔혹했다. 플라톤의 고전주의적 이념이 기독교의 이데올로기로 대체되었던 4세기 로마의 현실이 이것을 말해준다. 로고스의 우위를 추구하던 이데아의 시대가 끝나고 기독교적 일신교의 교리가 지배하는 로마 가톨릭 제국이 시작되었지만, 화가들을 대하는 잔혹한 태도는 전혀 나아지지 않았기 때문이다. 당시의 지배자들은 말했다. 하나님은 세속의 시간과 공간을 초월하는 영원함이며 무한성이니 그것을 표현할 방도가 유한한 인간 세계에는 존재할 수 없다고. 그런 의미에서 신은 인간적 의미의 부재, 즉 공백으로 간주되었다. 그리하여 신은 그림자를 갖지 않는다는 사실이 강조된다. 공백은 그림자를 갖지 않을 것이기 때문이고, 이로부터 그림자놀이를 그만두어야 하는 이유가 비로소 분명해진다. 이후 1000년 동안 지속될 억압의 역사 속에서 화가들은 은밀하게 자신을 숨겨야 했고, 스스로를 단순한 이미지의 장인으로 낮추어야 했다. 화가들은 이제 벽을 장식하는 미장이, 칠장이, 또는 성경 이야기를 삽화로 그리며 시간을 보내는 화공으로서 살아가야 했다. 고대 그리스와 헬레니즘 시대의 영광은 화가와 조각가들을 떠난 지 오래였고, 다시 그런 시절이 오리라고는 상상조차 할 수 없었다. 그렇게 철학자들과 경쟁하며 진리를 그리려 했던 담대한 화가들은 역사의 뒤안길로 사라진 듯 보였다. 중세의 오랜 어둠과 침묵 속에서 화가들은 자신들의 은밀한 욕망을 숨긴 채 살아가야 했던 것이다. 창문조차 없는 로마네스크 양식의 어두운 골방을 촛불로 밝힌 채 그들은 무엇을 생각하고 있었을까? 성경의 삽화를 그리던 손을 잠시 멈추고 자신들의 선조가 도달하고자 했던 진리에 대한 기억을 회상하곤 했을까? 붓을 드는 순간 누구든 빠져들고야 마는 그토록 위험한 욕망을 억누르며 그들은 우상을 만들지 말라는 신의 명령에 수긍하고 있었던 것일까?

기독교의 권력이 예술가들을, 특히 화가들을 탄압했던 것은 플라톤과는 조금 다른 이유에서였다는 사실에 주목해보자. 강조한 대로 플라톤의 고전주의적 사유는 진리와 언어의 근친성에 근거한다. 진리는 인간의 언어적 이해 속에 포획될 것이라는 자신감이 그곳에 있었다. 그러나 유대교적 사유로부터 시작된 기독교 전통은 언어조차 거부한다. 구약에서 언급된 바벨탑의 신화가 이를 명백하게 말해주고 있지 않은가? 신이 인간의 오만함을 벌주었던 것은 다름 아닌 언어의

바벨탑의 축조를 묘사한 1370년경의 삽화.

통일성을 파괴하는 방식을 통해서였다. 뒤집어 말해 신에게 도전했던 인간의 오만은 언어의 논리적 힘에 대한 맹신에서 비롯된 것이다.[5] 그래서 기독교의 신은 자신의 존재를 언어로 설명하려 하지 않는다. 오히려 언어의 나약함과 초라함을 강조한다. 예를 들어, 구약에서 모세가 당신은 어떤 존재인가를 묻는 질문에 신은 자신을 이렇게 표현하고 있다. "나는 나다."[6] 자크 라깡의 분석에 따르면, 이것은 언어가 가진 논리적 힘과 묘사력에 대한 신의 거부를 의미한다.[7] 나를 '나'라고 묘사하는 동어반복은 스스로를 언어가 도달할 수 없는 장소, 즉 언어적 의미의 공백으로 드러내는 것이다. 물론 기독교의 신이 언어의 모든 능력을 거부하는 것은 아니다. 어찌되었든 기독교는 '말씀'의 종교이기 때문이다. 그러나 여기서 '말'이라고 지칭되는 것은 '언어'가 아니다. 기독교에서의 '말'은 명령하는 단어이며 신탁의 기표이지, 이해되고 해석되는 논리적 의미의 언어가 아니기 때문이다. 라깡의 구분법에서도 같은 의미에서의 말parole과 언어langage의 분리가 이루어지고 있다. 이를 따르면 인간의 정체성을 규정하는 단어들, 예를 들어 가족 내 구성원의 자리를 표지하는 단어들인 아들, 딸, 어머니, 아버지, 숙모, 할아버지 등은 말의 기능 속에서 '명명'되는 것이지 '설명'되는 것이 아니다. 우리가 스스로의 정체성을 받아들이는 과정은 이처럼 말의 명령을 통해서일 뿐, 그것을 분석하고 이해하는 언어의 기능을 통해서가 아니라는 의미다. 우리가 누군가의 딸이거나 아들인 것에는 이유가 있을 수 없다. 그냥 그렇기에 그런 것이다.

이에 대한 기독교의 대표적인 우화가 바로 '아브라함의 신탁'이다. 기독교와 이슬람교, 그리고 유대교에 공통으로 등장하는 이 우화는 신과 언어의 관계가 무엇인지를 가장 근본적으로 보여준다고 할 수 있다. 여기서 신은 아브라함에게 아들 이삭을 죽여 제물로

---

5. 구약의 「창세기」는 다음과 같이 진술하고 있다. "온 땅의 언어가 하나요 말이 하나였더라. 이에 그들이 동방으로 옮기다가 시날 평지를 만나 거기 거류하며 서로 말하되 자, 벽돌을 만들어 견고히 굽자 하고 이에 벽돌로 돌을 대신하며 역청으로 진흙을 대신하고 또 말하되 자, 성읍과 탑을 건설하여 그 탑 꼭대기를 하늘에 닿게 하여 우리 이름을 내고 온 지면에 흩어짐을 면하자 하였더니 여호와께서 사람들이 건설하는 그 성읍과 탑을 보려고 내려오셨더라. 여호와께서 이르시되 이 무리가 한 족속이요 언어도 하나이므로 이같이 시작하였으니 이 후로는 그 하고자 하는 일을 막을 수 없으리로다. 자, 우리가 내려가서 거기서 그들의 언어를 혼잡하게 하여 그들이 서로 알아듣지 못하게 하자 하시고 여호와께서 거기서 그들을 온 지면에 흩으셨으므로 그들이 그 도시를 건설하기를 그쳤더라. 그러므로 그 이름을 바벨이라 하니 이는 여호와께서 거기서 온 땅의 언어를 혼잡하게 하셨음이니라. 여호와께서 거기서 그들을 온 지면에 흩으셨더라." 「창세기」11장 1~9절.

6. 여기서 모세는 이스라엘 민족에게 그가 소개할 새로운 신의 정체성을 묘사할 필요성을 느껴 그렇게 물었다. 그러나 신은 자신의 형언 불가능성을 드러내기 위해 "나는 나다 I am that I am"라고 대답한다. 「출애굽기」3장 14절.

7. Jacques Lacan, Jacques-Alain Miller ed., *Le Séminaire livre VII: L'éthique de la psychanalyse*(Paris; Le Seuil, 1986), p. 99 참조. 또는 백상현, 『라깡의 인간학: 『세미나 7』 강해. 윤리 그 자체인 인간 존재에 관하여』, 위고, 2017 참조.

바치라고 명령한다. 아브라함은 침묵 속에서 신의 명령을 수행한다. 그러나 신은 결정적인 순간에 자신의 명령을 철회하고 양을 잡아 이삭을 대신하라고 말한다. 이 섬뜩한 이야기 속에는 기독교를 비롯한 모든 고등 종교의 본질이 녹아 있다. 그것은 바로 말이 있을 뿐 언어가 존재하지 않는 신의 세계, 명령이 있을 뿐 설명이 존재하지 않는 세계이다. 그것은 로고스의 언어가 아닌 말의 지배를 의미한다. 신은 설명하지 않는다. 단지 명령할 뿐이다. 설명은 인간의 언어가 사용되는 영역이기 때문이다. 제아무리 세련된 논리의 언어라 해도 신의 의지를 설명하기에는 그 역량이 턱없이 부족하다는 인식, 바벨의 언어가 하늘을 찌를 듯 높이 솟는다 해도 신에게 닿을 수 없다는 인식이 기독교적 세계관의 토대인 것이다.

　　아들을 죽이라는 무시무시한 명령을 받은 후, 이삭을 데리고 산을 오르는 아브라함이 침묵을 지키며 걸었던 이유도 바로 여기에 있다. 아브라함은 묻지 않는다. 명령의 타당성을 반박하려 하지도 않는다. 심지어 그는 명령의 숨은 의미를 이해하려는 시도조차 하지 않는다. 로고스적 논증은 인간의 것이지 신의 것이 아니기 때문이다. 이쯤 되면 우상숭배의 진정한 의미가 무엇인지에 대한 새로운 설명이 가능해진다. 기독교의 십계명에서 명령한 '우상숭배 금지'란 단순히 이미지의 차원만을 의미한 것이 아니었다.[8] 그것은 모든 종류의 묘사, 모방, 미메시스, 그러니까 일체의 재현을 금지하는 명령이었다. 언어를 통해서건 이미지를 통해서건 인간에게 의미를 발산하는 모든 종류의 묘사는 우상으로 간주된다. 만일 신이 공백이라면, 공백을 재현할 수는 없기 때문이다. 그것을 재현하려는 순간 우상은 출현할 것이다.

이에 대해 라깡은 『세미나 7』의 강연들을 통해 아주 명철한 해석을 전개했다. 그에 따르면 기독교는 공백의 종교인데, 여기서 공백은 기의, 즉 의미의 공백을 가리킨다. 신은 인간의 상징계가 접근할 수 없는 공백으로서의 실재다. 라깡에 따르면 유대교에서는 샤바트^{Shabbat}라고 불리며, 기독교에서는 흔히 안식일이라고 지칭되는 일요일, 즉 '아무것도 하지 않을 것이 명령된 날'은 단순히 노동 금지의 명령으로서 아무 일도 하지 말아야 하는 날이 아니다. 안식일은 오히려 '아무것^{nothing}'을 하는 날, 즉 공백을 실천하는 날이며 공백으로서의 신을 사유하는 날이다. 사유의 공백을 보존하는 것만큼 신에게 가까이 다가설 길은 없기 때문이다. 신은 자신에 관하여 "나는 나다"라고 말하면서 스스로를 의미의 공백으로

---

8. "너를 위하여 새긴 우상을 만들지 말고 또 위로 하늘에 있는 것이나 아래로 땅에 있는 것이나 땅 아래 물속에 있는 것의 어떤 형상도 만들지 말며 그것들에게 절하지 말며 그것들을 섬기지 말라." 「출애굽기」 20장 4~5절.

안드레아 델 사르토, ⟨이삭의 희생⟩, 1528년경.

위치시키며, 이를 존중하여 보존할 것을 인간에게
강제한다. 기독교에서의 신은 이슬람교와 유대교의
신이 그런 것처럼 시간, 공간, 의미를 초월한 영원성에,
바벨탑이 도달할 수 없는 곳에 위치한다. 그런 의미에서
유대교와 마찬가지로 아브라함이라는 동일한 뿌리를
간직한 이슬람교는 유대교나 기독교가 보여준 공백의
전통을 극단까지 추구하는 것으로 보인다. 이슬람 미술이
'모자이크'라는 패턴 반복의 이미지를 통해 보여주려고
했던 것은 이미지의 형성이 아니라 삭제이기 때문이다.
모자이크의 동어반복적 이미지는 형상을 그려 넣지 않기
위해 선택된 고육지책, 즉 "나는 나다"라고 말하는 동어
반복이나 마찬가지라고 할 수 있다.

　　흔히 성상파괴iconoclast로 불리는 기독교의 미술
탄압 역시 같은 관점에서 이해할 수 있다. 기독교가 회화를
비롯한 재현 예술들을 탄압했던 것은 그것이 병리적이며
감각적인 이미지들을 생산하여 이성을 어지럽히기
때문이 아니었다. 예술가들이 '그림자의 그림자놀이'를
통해 진리를 타락시키기 때문이 아니었던 것이다. 이것은
플라톤의 관점일 뿐이다. 기독교가 예술을 탄압했던
진정한 이유는 회화 역시 언어적이며 이성적인 기능을
수행하기 때문이었다. 재현 예술들은 묘사를 통해 의미를
생산한다. 추상미술이 아닌 한 고전적 미술작품들은

그랑드 모스케 드 파리의 모자이크 문양.

16세기 종교개혁의 우상파괴 운동으로 파손된
성 마태 성당(위트레흐트)의 부조.

그려지는 대상을 설명하는 식으로 의미를 전달하지 않았는가? 기독교의 이데올로기가 탐탁지 않게 여겼던 것은 바로 그러한 '의미의 생산'이었다. 그것은 바벨의 언어에 종속된 이미지들, 바벨의 권력을 강화하는 이미지들로 간주되었던 것이다. 신은 의미의 공백이기에 그에 대한 의미를 생산해내는 이미지들은 잠재적으로 신을 왜곡시킬 위험이 있었다. 여기서는 '로고스와 파토스의 대립'이 아닌 '공백(실재)과 의미(상징계)의 대립'이 문제가 된다. 신에 대한 해석, 즉 의미의 생산은 아주 위험한 것이므로 교회 권력이 독점해야 했기 때문이다.

그리하여 기독교의 성상파괴는 거의 1000년에 가까운 시간 동안 화가들의 역할을 제한하여 그들을 꼼짝 못하게 만들었다. 예술가들이 고대 그리스와 초기 로마제국 시대에 누렸던 영광은 영원한 노스탤지어가 된 것처럼 보였다. 화가들은 글을 모르는 민중에게 성경의 이야기를 전달하는 교육적 삽화가라는 제한된 역할 속에 자신들의 욕망을 가두어야 했다. 이제 회화의 이미지는 교회 권력이 용인하는 아주 협소한 상식의 언어에 제한된다. 그런데 이러한 화가들의 숙명은 역설적이다. 신은 분명 자신의 이미지가 바벨의 언어에 사로잡히지 않도록 하기 위해 우상을 금지하지 않았는가? 신이란 신비로운 존재, 절대적 초월성의 존재, 인간의 언어로는

길들일 수 없는 존재 아니었나? 그런데 어째서 화가들은
세속의 언어를 통해 신의 이미지를 길들이는 '이미지의
조련사' 역할을 받아들였을까? 글 모르는 민중을
위해 성경을 이미지로 풀어내야 했던 화가들의 새로운
역할은 이처럼 모순을 숨기고 있었다. 누구나 알아듣고
이해할 수 있는 이미지란 결국 바벨의 이미지일 뿐이기
때문이다. 상식과 고정관념에 사로잡힌 신의 이미지라는
모순, 이렇게 불편한 현실이 화가들에게 또 다른 각성을
불러온 것은 아니었는지 짐작해볼 수 있다. 화가들이
그토록 뻔한 상식의 언어가 이미지를 지배하는 것에
넌덜머리가 난 것은 아니었는지 말이다. 라깡 정신분석의
용어를 빌리자면, 그들은 실재가 남김없이 상징화되는
데에 거부감을 느낀 것 아닐까? 신은 존재하는 유일한
실재이므로, 그리고 언어의 상징계란 바벨의 신화가
말해주듯 결여되어 불완전한 것이므로, 화가들은 이를
초과하는 이미지의 욕망에 사로잡히곤 하지 않았을까?
간단히 말해서 화가들은 말로 설명할 수 없는, 보다 숭고한
것을 그려보려는 욕망에 사로잡혔던 것 아닐까?[9]

    예를 들어 830년경 랭스에서 제작된 것으로
추정되는 「마태복음」의 삽화를 보면 당시 화가들의 역설적
욕망이 느껴진다. '에보 수사의 복음서'로도 알려진 이
작품은 현재 프랑스의 에페르네 시립도서관에 소장되어

그리는 것이 불가능하다면 이를 이유로 화가의 직무를 포기하는 대신 불가능성 자체를 그려내는 방도를 택할 수도 있지 않을까? 다시 강조하건대, 중세인들이 생각했던 현세의 이미지는 진리가 상실된 폐허와도 같았다. 이것은 상식의 차원에서 인간의 사유 일반이 도달하는 보편적 인식이기도 하다. 우리 눈에 보이는 세상이 전부는 아니라는 생각, 진리는 항상 그 너머에 자리한다는 생각은 눈에 보이는 세상을 진리가 부재하는 장소로 파악하게 만든다. 만일 그런 이유로 화가가 세상의 그 어떤 이미지도 그리기를 거부한다면 그는 진리의 부재 자체를 표현함으로써 진리를 암시할 수도 있다. 이것이 바로 '그릴 수 없음을 그리는 것'의 의미이며, 재현 불가능성 자체를 재현한다는 것의 의미이다. 신이 "나는 나다"라는 동어반복을 통해 언어의 기능이 정지되는 지점을 굳이 드러내며, 인간의 언어로는 자신을 묘사할 수 없음을 알렸던 것처럼. 일단의 중세인들은 이미지가 스스로를 삭제하는 파라시오스적 방식을 택함으로써 신의 현존을 부재의 형식으로 드러내려고 했다. 그들이 '아케이로포이에토스Acheiropoietos'라고 불렀던 이미지가 바로 그 전형이었다.

가장 유명한 아케이로포이에토스는 '만딜리온'이다. 이것은 '예수의 얼굴 흔적이 천에 남아 전해진 성물'이라고

바티칸의 개인 예배당에 있는 에데사의 만딜리온.

알려져 있다. 에우세비오의 『교회사』는 다음과 같이
설명하고 있다. 고대 동방의 에데사 왕국에는 아브가르
5세라 불리던 왕이 있었는데 그는 중병을 앓고 있었다.
예수가 기적을 행한다는 소식을 듣게 된 아브가르 5세는
예수에게 편지를 보내 자신을 치료해줄 것을 간청했다.
이에 대한 답변으로 예수가 보낸 것이 바로 만딜리온이다.
이것은 예수가 아마포 조각에 자신의 얼굴을 찍어
만든 이미지였다. 비잔틴 교회는 이것을 그리스어로
'아케이로포이에토스 Αχειροποιητος'(인간의 손으로 만들지
않은 이미지)라고 부르며 최초의 '이콘', 즉 '신의 이미지'로
간주했다. 한편 서방 교회에서도 비슷한 전설이 등장한다.
예수가 성녀 베로니카의 수건에 남긴 얼굴 흔적이 또 다른
사례다. 이 같은 예수의 얼굴 이미지들은 성상파괴의
입장을 단호하게 고수했던 비잔틴 교회의 환영을 받았다.
그 점에서는 로마 가톨릭 교회도 마찬가지였다. 인간의
개입 없이 신이 즉각적으로 남긴 흔적인 만딜리온은
화가들이 그린 예수의 이미지와는 비교할 수 없는 가치를
지닌 것으로 간주되었다. 물론 이 모든 이미지들은 진리의
재현을 간절히 욕망했던 인간들의 고육지책에 불과할 수도
있다. 십자군 원정 당시 만딜리온을 제작하여 판매하는
사기꾼들이 판을 쳤다는 기록도 있지 않은가? 그럼에도
우리가 주목해야 하는 것은 진리에 대한 인간적 재현을

거부하는 몸짓과, 그 이면에 놓인, 진실한 이미지에 대한
멈추지 않는 욕망이다. 중세인들은 간절히 찾고 있었던
것이다. 이미지 중의 이미지, 가장 진실한 이미지를.
성상파괴와 성상숭배의 변증법적 투쟁 속에서 그들이
도달한 것은 인간의 손으로 재현되지 않았음이 보증된
어떤 이미지, 즉 재현을 포기한 재현의 이미지였다.[10]

그런 의미에서 만딜리온은 진리가 존재했지만
지금은 상실되었음을 드러내는 흔적으로서의 이미지인
동시에, 그에 대한 인간적 재현의 불가능성을 인정하는
반反이미지다. 이러한 평가의 배경에는 만딜리온이
누군가의 작품이라는 필자의 유물론적 견해가 전제되어
있다. 여기서 '누군가'는 물론 직업 화가들이다. 예수의
얼굴 흔적이 '인간에 의해 그려진 것이 아닌 듯' 제작되기
위해서는 인간에 의해 그려지는 모든 이미지의 기술에
관한 지식을, 재현에 관한 해박한 지식을 가지고 있어야
하기 때문이다. 재현하지 않기 위해서는 재현이 무엇인지
알고 있어야 한다는 것이다. 그런 의미에서 만딜리온을
제작한 누군가는 중세에서 가장 뛰어난 화가였다고 할 수

10. '아케이로포이에토스' 또는
'베스티지움vestigium'의 전통은 1000년 뒤,
20세기에 등장한 초현실주의를 통해
다시 반복된다. 막스 에른스트의 그라타주
기법, 특히 그의 〈자연사〉 연작에서
두드러지는 '흔적의 기법'은 중세의
진리관을 무신론적 차원에서 재연하고
있는 것이라 평가할 수 있다. 이에
대해서는 2장을 참조할 것.

있다. 그는 재현의 불가능성을 재현하기 위해 재현에 관한
모든 특성을 제거할 수 있었던 '재현의 대가'였을 것이다.
다시 강조하건대 '사람의 손으로 그리지 않은 이미지'를
만들기 위해서는 사람의 손에 관한 지식이 필요하다.
만딜리온을 그린 화가는 그 지식을 반대로 사용함으로써
그림 그리는 행위를 지배하는 당대의 고정관념으로부터
빠져나갈 수 있었다. 이는 재현을 거부하기 위해 재현에
관한 지식을 사용하는 역설적 실천이다. 그리하여 화가는
세속적 언어의 권력으로부터 벗어나는 이미지를 출현시킬
수 있었던 것이다. 그럼으로써 이들은 고정관념의 언어에
사로잡히지 않는 진리의 흔적을 출현시키고자 했던 것
아닐까?

　　　　그런 의미에서 화가가 아케이로포이에토스에서
추구하는 전략은 지배적 관념의 질서로부터, 이데올로기의
환상으로부터 달아나는 이미지를 만들려는 전통으로
이어진다. 그것은 고정관념의 권력이 그릴 수 있는 것의
한계를 설정하는 것에 대항하여, 그릴 수 없는 것을
그리려는 화가들의 전통이기도 하다. 불가능한 것을
그리려는 욕망의 전통. 부재가 실재하도록 그것의 빈자리를
그려내려는 욕망. 이 장의 도입부에서 파라시오스의
욕망을 통해 이야기하려 했던 회화의 '베일 기능'은
이후의 미술사에서 은밀한 욕망을 더 이상 은밀하게 두지

않으려는 화가들의 전통을 만들게 된다. 곧 살펴볼 프라 안젤리코와 시모네 마르티니의 작품들은 그와 같은 전략의 또 다른 판본이다.

그러나 이것이 끝은 아니다. 이후로 도래하는 르네상스 미술의 거대한 파도 속에서도 중세적 진리관을 보존하려는 전통이 맥을 이어나갈 것이기 때문이다. 수학적 세계관과 기하학적 공간 파악이라는 외관 너머에 유한성의 우주관을 숨기고 있었던 고전주의적 사고에 대항하는 화가들이 분명 존재했다. 스푸마토 기법으로 이미지를 사라지게 만들려 했던 다빈치가 그러했고, 일그러지는 이미지의 카오스 속에서 진리를 찾으려 했던 말년의 미켈란젤로가 그러했다. 고전주의자들로부터 '매너리스트'라는 경멸적인 용어로 불렸던 화가들이 그러했다. 신학적 진리사건으로부터 성스러움이라는 외관을 벗겨내려 했던 카라바조가 그러했다. 귀머거리가 되지만 보다 진실한 소리를, 부재하는 공백의 소리를 듣게 된 고야가 죽음의 집에서 그렸던 벽화들이 그러했다. 19세기는 이와 같은 중세적 전통이 되살아나는 시대, 아케이로포이에토스가 추구했던 증상적 이미지, 즉 현실 질서의 표면에 균열의 형식으로 나타나는 유령적 이미지가 회귀하는 시대였다. 특히 20세기의 초현실주의자 막스 에른스트가 프로타주 기법을 통해 보여준 것은

만딜리온과 마찬가지로 부재하는 진리의 흔적이다. 그
뒤에 등장하는 화가 발뷔스의 작품은 이 모든 전통의
끝자락에 있다. 중세적 진리에 관한 묘사를 마무리하기
전에 프라 안젤리코와 시모네 마르티니라는 중세 말의
화가들을 다루려는 이유가 여기에 있다. 이 두 화가는
이후 전개될 증상적 이미지 전통의 시작점에서 수백 년
뒤에 나타날 발뷔스를 예고하고 있었기 때문이다. 특히
산마르코 수도원의 화가이자 수도사였던 프라 안젤리코는
15세기 르네상스라는 세속화의 폭풍우에 휩쓸리지 않았던
마지막 중세인이었다. 그는 미술의 세속화 이후에도
진리를 보존하려 했던 최초의 예술가들 중 한 명이었다.
이들에 대해 살펴보기 전에 먼저, 그들이 추구했던
중세의 진리관이 무엇인지를 보다 신학적인 관점에서
들여다보도록 하자.

프라 안젤리코와 히스테리적 진리관

프라 안젤리코와 같은 중세 말의 화가들, 또는 르네상스
초기의 화가들을 이해하기 위해서는 그들의 윤리적
신념과 세계관에 관해 살펴볼 필요가 있다. 앞서 설명한
대로 중세의 화가들을 사로잡고 있었던 것은 기독교적
신념이었다. 그것은 원죄로 인해 타락한 세계를 불신하는
세계관이기도 했다. 여기서 원죄는 기독교 문명권의

구성원이라면 누구나 귀에 못이 박히도록 들었던 바로 그것, 아담과 이브의 일탈에서 비롯된 것이다. 신과 인간의 이질성으로 인해 이미 예고되었던 일탈. 신의 세계로부터 인간의 세계가 분리되는 경험. 그로 인해 바벨의 언어를, 타락한 언어인 그것을 사용할 수밖에 없게 된 인간 세계의 불완전성. 그것이 원죄의 결과다. 이러한 세계관 속에서 성 아우구스티누스 이후의 중세인들은 현세를 '비유사성의 지역regio dissimilitudinis'이라고 불렀다. 신의 형상Imago Dei으로 창조된 피조물인 인간은 원죄를 범함으로써 신과 닮지 않은 타락한 존재가 되었기 때문이다. 이제 세상의 이미지는 신의 의지로부터 멀어져 일그러진 형상을 하고 있다. 그런 의미에서 인간 세계의 모든 이미지들은 허상이며, 나아가서 눈을 속이는 교활함을 숨기고 있다. 사정이 그러하다면 세상의 이미지를 그대로 모방하는 것은 화가의 올바른 태도가 아니다. 눈에 아름다운 이미지는 오히려 사악한 것일 수 있으며, 반대로 눈에 역겨운 이미지가 신의 진리에 가까운 것일 수 있다. 이처럼 역전된 이미지의 질서는 화가들을 모순된 이미지의 게임으로 끌어들인다. 화가들은 의미를 선명하게 드러내기보다는 모호함 속으로 물러서는 이미지를 그렸고, 조화로움보다는 불균형을 드러내려고 했다. 이제 화가들이 그리는 그림들 속에서 명백함은 사라졌다. 신비주의와 같은 모호함이 그림을 지배하기 시작했다. 인간 세상에서 확실성은 하찮은 오류의 산물이고, 이성의 작업을 통해 만들어진 조화로움은 언제 몰락할지 모르는 허구에 불과하기 때문이다.

이 같은 중세 화가들의 윤리학은 중세 성서 해석학의 네 가지 단계를 토대로 한다. 먼저, 성서에 대한 가장 기초적인 태도는 '문자 그대로' 해석하는 것인데, 이것은 언제나 오류에 빠질 위험이 있다. 문자 그대로의 해석이란 성서의 언어를 인간의 상식 차원에서 해석하는 것이기 때문이다. '돌'을 돌로 이해하고 '나무'를 나무로 이해하는 것은 인간의 상식과 고정관념의 영역에서 사물을 이해할 뿐이다. 신의 의지를 이해하기 위해서는 이 같은 기초적 해석의 단계를 넘어서야 한다. 그래서 알레고리아^{allegoria}적인 해석의 단계가 필요하다. 이것은 성서의 문장이 암시하며 숨기고 있는 내용을 은유와 비유의 차원에서 이해하려는 태도다. 그러나 이것 역시 인간의 언어-질서가 허용하는 한도 내에서 은유와 비유의 의미를 이해하는 것이기에 한계를 가질 수밖에 없다. 그래서 해석학자들은 그다음 단계인 트로폴로지아^{tropologia}로 넘어가야 한다고 생각했다. 트로폴로지아란 성서의 문장을 보다 차원 높은 도덕적 관점의 은유로 해석하는 것이다. 그러나 이것 역시 성서를 인간적 규범의 영역에서 파악한다는 한계를 갖는다. 제아무리 정교한 추론을 통해 성서의 문장이 가진 도덕적 교훈을 찾아낸다 해도 그러한 추론은 인간 사회의 현실-규범과 초자아의 해석에 의존하는 것이기 때문이다. 그래서 중세의 해석학이 마지막으로 강조하는 가장 높은 차원의 성서 해석 태도는 아나고지아anagogia라고 부르는 실천이다. 이것은 신비주의적 해석이라고 번역되는데, 상식과 이성, 규범이 허용하는 한계를 초과하는 영역에서 깊은 명상을 통해 성서의 문장을 해석하는 과정이다. 이 과정에서 신은 꽃과 보석이 아닌 역겨운 벌레의 이미지 속에서 찾을 수 있으며, 왕의 영광스러운 걸음걸이가 아닌 거지의 절룩거리는 형상 속에서 찾을 수도 있다. 이렇듯 아나고지아란 인간적인 이성과 규범의 한계를 넘어선 장소로 주체를 이끄는 해석에 의존하는 태도다.[11]

우리는 이와 같은 중세인들의 태도 속에서 당시 문학을 지배하던 '궁정풍 사랑'의 형식을 다시 발견할 수 있다. 모든 세속적 의미들로부터 분리되면서 그것을 신비적 대상으로 변화시키는 특수한 사랑의 형식이 그것이다. 중세의 기사도 사랑을 노래하던 이 시가 형식은 이야기

---

11. 라깡의 용어를 사용하자면, 중세인들은 상징계에 의해 온전히 분절된 장소가 아니라 균열하는 실재로부터 발생하는 증상적 문자의 초대를 수용하려 했던 것이다.

속 욕망의 대상을 그녀가 속한 모든 종류의 세속적 의미로부터 벗어나도록 만든다. 심지어 이 사랑 노래에서 화자는 사랑하는 여성을 여성 관사로 묘사하지도 않는다. 성별이라는 의미의 해석으로부터 벗어난 존재로서의 욕망 대상, 그러한 방식으로 속세를 지배하는 모든 종류의 고정관념으로부터 고립된 욕망 대상으로서의 여성은 그녀에 대한 사랑을 상식의 영역으로부터 이탈시킨다. 그리하여 사랑에 빠진 기사는 바로 이러한 사랑의 힘에 의존하여 모든 현실적 장애들을 넘어서는 광적인 역능을 소유할 수 있게 된다. 욕망 대상에 대한 묘사들이 사라진 장소에는 욕망 자체의 역능만이 남기 때문이다. 그런 의미에서 '궁정풍 사랑'의 욕망 역시 파라시오스의 베일을 통해 작동한다고 말할 수 있다. 그것은 욕망의 대상을 베일로 가리면서 욕망 자체만을 강조하는 구조로 되어 있지 않은가? 마찬가지로 '궁정풍 사랑'의 형식과 성서 해석학의 아나고지아적 태도, 즉 신비주의적 해석의 태도 또한 공통분모를 갖는다. 둘 모두 대상을 묘사하는 고정관념의 질서를 베일로 가리며 정지시키는 방식으로 욕망을 증폭시키고 있기 때문이다. 기사도 사랑에서는 사랑의 대상인 여성을, 성서 해석에서는 신을 욕망의 대상으로 설정하고 이들을 세속적 의미작용으로부터 고립시킴으로써, 즉 베일을 두름으로써 욕망 자체의 강렬도를 증폭시키고 있다. 그리하여 증폭된 욕망은 새로운 관념들의 질서를 창조해내는 힘으로 작용하기 시작할 것이다.

대상을 묘사하는 언어의 모호함을 강조하는 베일 효과 전략, 그리하여 대상이 아니라 그로 향하는 욕망 자체만을 강화시키려는 전략은 이제 우리가 다루려는 프라 안젤리코의 회화에서 보다 적극적으로 활용된다. 그의 작품 속에서 가장 중요한 이미지 해석의 동력으로 작용하는 것 역시 아나고지아이기 때문이다. 수도사이기도 했던 그에게 그림을 그린다는 행위는 기도하는 행위와 동일한 실천이었다. 그런 의미에서 그에게 회화적 이미지의 사용은 신의 진리에 접근하는 해석의 도구였다. 이를 통해 프라 안젤리코는 신의 존재가 가진 다음과 같은 특성을 드러내고자 했던 것이다. "신은 가시적 사물들 속의 비가시성이며, 언어로 표현된 비언어적 존재이고, 창조물 속의 창조자인 동시에, 유한성 속의 무한성이며, 측정 가능한 사물들 속의 측정 불가능성이었다." 이 같은 신의 모순된 존재 양태를 표현하기 위해서 그가 사용했던 유일한 태도는 바로 모호함, 즉 신비주의였다.[12]

---

12. 프라 안젤리코의 작품 분석에 관해서는 조르주 디디 위베르만의 다음 논문에 빚지고 있다. Georges Didi-Huberman, "La dissemblance des figures selon Fra Angelico," *Mélanges de l'école française de Rome*, Année 1986, 98-2, pp. 709~802.

〈나를 만지지 말라〉는 수도사였던 프라 안젤리코가
자신이 몸담고 있었던 산마르코 수도원의 복도에
벽화로 그렸던 여러 프레스코화들 중 하나다.
「요한복음」에서 죽임을 당한 지 사흘 만에 부활한 예수가
놀라 다가오는 막달라 마리아에게 **"나를 만지지 말라"**고
말하는 장면을 해석한 작품이기도 하다. 예수가 자신의
죽음과 부활에 관해 만지지 말 것을, 즉 접근하지
말 것을 명령했던 것으로도 해석되는 이 사건은 화가에게
강력한 영감을 불러일으키는 동시에 또한 좌절감을
안겨주었을 것이다. 결국 이 명령은 진리사건으로서의
부활이 인간에게 선언하는 명제이기도 했으며, 이를
재현하려는 화가들에게 내려진 금지의 명령으로도
해석될 수 있기 때문이다. 간단히 말해서 진리사건은
섣부른 해석과 재현을 거부한다는 것이다. 예수는 자신의
죽음이 당시 팔레스타인을 지배하고 있던 고정관념과
이데올로기의 언어로 해석되는 것을 거부했다. 특히
자신을 죽음으로 몰고 갔던 바리새인들의 지식으로
해석되는 것을 거부했다. 또한 그에게 사형을 선고하며
"네가 주장하는 진리가 무엇이더냐"라고 냉소했던
유대 총독 빌라도의 허무주의적 해석 역시 거부했다. 그런
의미에서 예수는 자신의 죽음에 관한 그 어떤 언어적
해석도 거부하고 있었던 것이다. "나를 만지지 말라"는

프라 안젤리코, ‹나를 만지지 말라›, 1440~41년.

그와 같이 침묵을 요구하는 진리사건으로서 재현의
금지를 의미했다. 이에 따르면 그림을 그린다는 것
자체가 이미 진리의 명령을 위반하는 행위다. 그럼에도
화가는 진리와 마주해 그것을 그려내야 하는 역설적인
상황에 처한다. 화가는 "나를 만지지 말라"고 말하는
진리 앞에서 어떻게 처신해야 하는 것일까? 진리를
왜곡하지 않으면서도 어떻게 화가 자신의 직무유기를 면할
수 있을 것인가? 이 같은 요구에 프라 안젤리코가 택한
방법은 말하지 않는 이미지를 사용하는 것, 즉 이미지를
지배적 언어로부터 해방시키는 것이었다. 이를 위해
화가는 **진리를 왜곡하는 대신 이미지를 왜곡하는** 길을
택했다. 진리를 비트는 대신 그것이 전개되는 공간을
비트는 역전된 시도 속에서 화가는 진리 자체의 왜곡만은
피해갈 수 있었다.

이를 보다 자세히 이해하기 위해서는 '심연으로
반복하기'라는 프라 안젤리코의 독특한 테크닉을
살펴볼 필요가 있다. 이 테크닉은 프랑스어로 'mise en
abyme'이라고 표기되는데 앙드레 지드가 처음 사용했던
용어이다.[13] 동일한 이미지가 반복되면서 화면의 내부로
점점 사라져가도록 만드는 이 기법은 일종의 소용돌이처럼
공간이 내부로 빨려 들어가는 듯한 인상을 준다. 작품
〈나를 만지지 말라〉 속에서는 다음 이미지 분석에서 보이는

것처럼 '심연으로 반복하기'가 표현되고 있다.

　　여기서 가장 큰 원환은 벽화가 그려진 수도원 복도 벽의 일부를 포함한다. 이것은 그림뿐 아니라 그것을 응시하는 관객과 화가 모두를 포함한다. 이것은 일종의 외부 원환이다. 그다음 원환은 예수와 막달라 마리아가 포함된 공간의 원환이며, 이어서 왼쪽으로 반복되며 점점 소멸해 들어가는 원환들은 이미지들 너머의 공간을 암시한다. 이처럼 **불규칙하게** 반복되는 원환의 소용돌이는 관객들과 이미지들이 속한 공간의 안정된 질서를 혼돈 속으로 흡수하는 효과를 낸다. 그것은 조화가 아닌 불안을, 질서가 아닌 카오스의 정동을 느끼도록 만든다. 이를 보다 선명히 이해하기 위해서는 프라 안젤리코가 살았던 당시 미술계의 공인된 화풍과 비교해볼 필요가 있다. 이 그림이 그려졌던 1440년대 유럽에서는 이미 십여 년 전부터 마사초가 발명한 원근법이라는 회화 기법이 유행하고 있었다. 이 기법은 공간을 기하학적 안정성 속에서 분절하고 조직한다는 점에서 새로운 테크닉이었다. 당시의 회화는 기하학을 회화에 도입함으로써 합리적 언어의 공간 지배를 완성하고 있었는데, 그것은 이미지에

---

13. 앙드레 지드, 1893년의 일기 중 일부.
　　André Gide, *Journal I: 1887-1925*(Paris;
　　Gallimard, 1996).

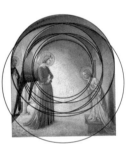

프라 안젤리코, ‹수태고지›, 1441년경.
가운데 그림과 오른쪽 그림을 보면 원환의 배열에
따른 구도의 변화를 알 수 있다.

성처녀 마리아의 이미지를 원환들의 불안정한 동요 속에서 묘사하고 있다.

그림을 살펴보면, 작은 공간 상단의 아치형 원환이 반복되면서 '심연으로 반복하기' 기술이 사용되고 있는 것을 확인할 수 있다(왼쪽 그림). 일견 그것은 세 개의 원환이 안정적인 방식으로 점점 작아지며 반복되는 것처럼 보인다(가운데 그림). 그러나 원환의 좌우로 또 다른 원환이 진동하듯이 겹쳐지고 있는 것 또한 무시할 수 없다(오른쪽 그림). 그러한 과정 속에서 그림은 원환들의 안정적인 소멸이 아니라 진동하는 형상 속에서 흔들리는 것처럼 보인다. 이 그림을 바라보는 이의 시선이 고요함 속에서도 안정이 아닌 흔들림을 경험하는 이유가 여기에 있다. 수태고지의 진리사건을 묘사하려는 화가가 공간의 이미지를 동요하게 만드는 방식으로 진리 자체의 불확정성을 드러내려 했기 때문이다.

그런 의미에서 프라 안젤리코에게 진리는 명확하게 드러나는 것이 아니었다. 오히려 진리는 동요한다. 동요하는 진리는 필연적으로 우리의 삶을 흔들 것이다. 그리하여 진리는 현재를 지배하는 선명한 질서로부터 삶을 끌어내리고, 우리로 하여금 일탈하여 발을 헛디디게 만들 것이다. 진리는 그렇게 주체의 삶을 흔들어 방황으로 이끈다. 현세에서의 안정된 삶이란 현실 질서에 대한

복종에 불과하다. 진리에 복종하는 주체에게 현실의
흔들림은 필연적이고, 방황은 현실적 삶의 한계를
넘어서는 유일한 방법이 된다. 방황은, 길이 없는 길을 가는
것은 길을 지배하는 고정관념을 넘어서는 유일한 여정이다.
진리와 마주한 주체가 방황을 선택할 수밖에 없는 것은
바로 그런 이유 때문이다. 프라 안젤리코의 모든 작품들은
진리와 마주한 주체가 체험하는 영혼의 방황을 표현하고
있다. 이로부터 우리는 로고스적 이미지의 세계를
극복하기 위해 파토스적[14] 이미지의 전통이 수립되고
있음을, 합리주의적 언어의 지배에 대항하는 신비주의적
언어의 중세적 전통이 완성되고 있음을 발견하게 된다.
정신분석의 용어를 사용해보자면, 프라 안젤리코를 비롯한
중세 말의 화가들로부터 우리가 발견하는 것은 강박증적

---

14. 조르주 디디 위베르만이 *L'Image*
*Survivante*에서 분석했던 바르부르크의
pathosformel, 즉 파토스 형식이
이에 해당한다. 서구 미술사의 정립이
이루어진 18세기의 빙켈만적 시각이
플라톤의 고전주의적 관점에서
logosformel, 즉 로고스적 언어 형식의
유일한 지배만을 인정해왔다면,
그로부터 빠져나가는 증상적인
이미지로서 병리적 형식의 예술작품들을
다시 고려해야 할 것이다. 병리적
이미지에 대한 디디 위베르만의 관심은
예술의 영역에서, 그리고 정신분석과

현대 철학의 영역에서 진리를 다루는
관점과 깊이 연관된다. 그것은
고전주의에서 말하듯 진리가 이미
존재하는 이데아적 실체가 아니라 방황
끝에 발명되는 발생론적인 대상이라는
사실, 또는 그러한 발생의 절차 그
자체라는 사실에 근거하고 있다. Georges
Didi-Huberman, *L'Image Survivante:*
Histoire de l'art et temps des fantômes
selon Aby Warburg(Paris; Editions de
Minuit, 2002).

위해 내부의 공간이 존재하지 않는 평면성을 유지하고
있다. 그럼에도 이미지의 아래쪽으로 인물들이 발 디디고
있는 공간이 내부로 삽입되는 것을 볼 수 있다. 다시
말해서 이 작품은 평면성과 3차원성을 적절히 혼합하고
있다는 것이다. 그렇지만 시모네 마르티니는 자신의
바로 위 세대였던 조토의 3차원 공간 활용을 온전히
받아들이지는 않는다. 그가 3차원적 공간을 내부로
수용하는 것은 화면의 애매함을 강조하기 위해서일
뿐이다. 그보다 시모네 마르티니의 특징이 본격적으로
드러나는 곳은 공간의 표현이 아닌 인물의 묘사다. 그는
이전까지 화가들이 성서의 사건을 묘사할 때에 사용했던
일종의 중립적 표현들로부터, 성상파괴의 전통 속에서
억압받던 성서 삽화가들이 조심스럽게 사용했던, 이도
저도 아닌 표정들로부터 벗어나고 있다. 그리고 이후
회화를 허용하는 분위기 속에서 등장했던 일단의
화가들이 따르고자 했던, 성서의 전형적인 표정 묘사들
역시 발견되지 않는다. 시모네 마르티니가 그리는 인물의
표정이 발산하는 감정은 규범적 성서의 의미가 규정하는
한계를 넘어서고 있기 때문이다.

먼저 왼쪽에 그려진 천사 가브리엘의 표정에
주목해보자. 그가 왼손에 들고 있는 것은 하나님을
상징하는 올리브 나뭇가지다. 그의 입에서 발화되는

시모네 마르티니·리포 멤미, <수태고지>, 1333년.

것처럼 그려진 단어들은 수태고지를 알리는 '말씀'을
상징한다. 이 모든 이콘적 요소들은 성서의 의미를 그대로
따르고 있다. 그러나 천사의 얼굴 표정은 그보다 더 많은
것을 말하고 있는 것처럼 느껴진다. 또는 이미 알려진
성서의 내용을 전혀 다른 것으로 느끼도록 만들고 있다.
천사의 얼굴은 압도적인 아름다움 속에서 단순히 '복음'을
전하는 것 이상을 명령하는 듯 보인다. 그는 명령하고
있으며 동시에 압도하고 있다. 천사 가브리엘의 표정에
조응하면서 그것이 발산하는 애매함을 더욱 증폭시키는
것은 이에 화답하는 성처녀 마리아의 제스처와 표정이다.
화가는 압도당한 여성의 몸짓을 뒤로 움츠린 형상으로
묘사하고 있다. 자신의 옷깃을 여미는 오른손의 묘사는
천사의 우아한 얼굴을 공격적인 것으로 해석하도록
만든다.

그러나 이 같은 수세적 표현은 그녀의 얼굴 묘사에
이르면서 전혀 다른 것으로 변화한다. 성처녀 마리아의
표정은 천사 가브리엘의 아름다움과 대조되면서 어둡고
평범해 보이지만, 그럼에도 그녀는 천사의 위세에
압도당하지 않는다. 마리아의 얼굴은 수심에 젖어 있지만
저항하는 빛이 역력하다. 신의 아들을 잉태할 것이라고
말하는 진리사건의 선언에 대한 인간의 반응치고는
놀랍도록 당당하다. 천사의 우아함과 아름다움에서

〈수태고지〉 중 천사와 성처녀 마리아 부분.

시작된 이미지의 흐름이 마리아의 몸짓을 거쳐 그녀의
표정에 이르기까지의 여정에서 우리가 발견하는 것은
한마디로 모호함이다. 상식적 의미의 틀에 사로잡히기를
거부하는 이미지의 감정적 흐름들과 그 유출이다.
라깡이었다면 언어적 질서에 사로잡히지 않는 상상계적
이미지로부터 발산되는 주이상스라고 불렀을 정동이
마르티니의 그림에 넘쳐흐르고 있다. 성서가 규정하는
이콘의 세계인 상징계를 초과하는 쾌락이 작품으로부터
흘러나오고 있는 것이다.

　　　이것은 라깡이 자신의 초기 임상에서 발견하고
곤혹스러워했던 환자의 쾌락, 환자를 사로잡고 놓아주지
않는 비언어적 이미지의 매혹과 관련된 쾌락이기도 했다.
라깡은 여기서 언어치료가 접근할 수 없도록 저항하는
이미지의 쾌락을 발견하고 당혹스러워했다. 우리를
사로잡는 이미지들 중에서 가장 위력적인 이미지는 언어에
사로잡히는 것에 저항하는 동시에 자신에게 사로잡힌
이들을 놓아주지 않는다. 그와 같은 이미지의 덫에 걸린
주체는 언어의 질서가 가져다주는 확실성의 세계로부터
이탈한 채 상상적 이미지의 세계를 떠돈다. 간단히 말해서
어떤 이미지는 언어로 설명할 수 없는 매혹을 통해 주체의
언어적 사유를 정지시켜버릴 수 있다는 것이다. 마르티니의
작품에서 우리의 시선을 사로잡는 매혹의 정체가 바로

그것이다. 마르티니의 이미지를 통해 우리가 도달하는 곳은 아마 중세의 회화가 윤리학 속에서 추구하고자 했던 진리의 장소일 것이다. 그것은 세속의 언어를 초과하는 이미지를 추구하는 신비주의적 미학인 동시에 윤리학이라고 말할 수 있는 장소다. 바벨의 언어로부터 도망가는 이미지, 이성의 한계에 저항하는 초월성의 이미지를 추구하는 미학이 그것이다.

이것이 미학인 동시에 윤리학인 이유는 바로 이러한 초과를 통해서만 우리가 진리에 관한 속견의 지배에서 벗어날 수 있기 때문이다. 진리는 실존하는 것이 아니라 부재하는 것이며, 부재의 형식 속에서 도래할 시간에 속하는 것으로 간주되는 것이기에 이처럼 도래할 진리를 예고하는 이미지는 우리에게 답을 주는 대신 질문을 던진다. 오직 질문하는 자만이 현재의 고정관념을 의심하고 그에 저항하며 그로부터 벗어날 수 있기 때문이다. 그런 의미에서 마르티니는 작품에 등장하는 인물들을 묘사함으로써 성서를 해석하는 것이 아니라 질문을 던지려 한다. 신은 어째서 인간인 마리아에게서 그와 같은 기적을 일으키려 했는가? 신은 어째서 인간의 나약하고 죄 많은 육체를 통해 자신을 드러내려 했는가? 프라 안젤리코의 벽화들이 답을 말해주는 대신 질문하도록 유도하는 이미지였던 것처럼, 의미의 흔들림을

등의 일탈에도 불구하고 전반적으로 고전주의적 전통을
따르게 된다. 소위 인문학의 부흥기라고 알려진 17~18세기
지식의 형태가 모든 사물들에 질서를 부여하고 명명하는
백과전서적 특징을 갖게 된 것도 강박증적 욕망의 구조
때문이었다.

　　서구인들은 모든 것을 알고자 했으며 알 수
있다고 자신했다. 모든 강박증자들이 그러하듯이 그들은
스스로가 구축한 지식의 한계 안에서 자신들의 세계가
폐쇄되고 있음을 인식할 수 없었다. 그들은 하나의
사물을 이해한다는 것이 이해를 구성하는 지식의 틀
속에 사물을 유폐시키는 행위와 다르지 않다는 사실을
결코 알지 못했다. 이미지를 선명하게 그려내는 행위란
결국 선명함의 틀 안에 이미지의 감각적 자유로움을
가두는 것이라는 사실을 알지 못했다. 그리하여 르네상스-
근대의 서구인들은 자신들이 구축한 바벨의 지식에
스스로 갇히는 신세가 된다. 바벨탑은 출구를 알 수
없는 거대한 미로가 되어 서구인들을 가두고 당황하게
만들기 시작했다. 모든 강박증자들이 그러하듯이 인간은
그와 같은 미로를 탈출하기 위해 더욱더 강박적으로
변했지만, 그럴수록 미로는 더욱 협소해지며 그들을
조여왔다. 그리고 우리 모두가 알고 있듯이 20세기의 양차
세계대전은 바벨탑이 무너지는 결정적 계기였다.

그리하여 다시 중세가 시작되었다. 물론 전조가 없었던 것은 아니다. 19세기 중후반에 등장한 극도로 퇴폐적인 낭만주의 문학, 그리고 결정적으로는 미술에서의 인상주의, 신인상주의, 후기인상주의, 상징주의로 이어지는 흐름들은 중세가 다시 시작될 것을 알리는 주요한 전조였다. 20세기의 다다 미술과 이어지는 초현실주의 운동은 본격적인 성상파괴 운동이었으며, 그런 점에서 중세 복원 운동이었다고 말해도 과언이 아니다. 그렇게 20세기 자본주의 기술 문명의 한가운데서 다시 중세가 시작되었다. 신이 죽었다는 단 한 가지 사실만 제외하고 중세는 그렇게 다시 시작되고 있었다. 이제 서구 문명과 그로부터 강한 영향을 받게 된 아시아 문명은 바벨탑과 교회 신전의 첨탑이 동시에 무너진 폐허의 한가운데에서 새로운 중세를 살아가야 하는 숙명을 받아들여야 했다.

후에 이와 같은 문명의 흐름을 '해체주의'라 부르게 되었던 것도 마찬가지 이유에서였다. 해체란 무엇인가? 그것은 절대적 보편성을 주장하는 바벨의 언어를 해체한다는 것이다. 해체란 총체화하는 언어의 폭력으로부터 빠져나감을 의미한다. 20세기의 철학자, 문학가, 화가, 음악가 등 모두가 해체에, 새로운 성상파괴 운동에 몰두했던 것은 이처럼 고전주의적 바벨의 강박증에 대항하는 히스테리적 구조의 문명이 다시

출현하고 있음을 증명한다. 그런 다음 우리가 도달하게
되는 장소는 폐허의 들판이며 공백의 가장자리이다.
혹자는 이곳에서 또 다른 신을 불러내려는 퇴행적
시도를 하게 된다. 예를 들어 신자본주의적 상품물신이
그렇다. 새로운 종교적 광신주의의 출현도 있다. 미국의
네오콘과 그에 대응하며 부상한 이슬람국가^{IS} 같은 정치
세력도 마찬가지다. 그러나 보다 진지한 20세기의 주체는
그곳에서 또 다른 신을 불러내는 것을 거부한다. 죽은
신을 다시 살려내는 것만큼 허망한 일은 없기 때문이다.
그렇다면 어떻게 할 것인가? 과학도, 신학도 존재를
구원할 수 없다면 텅 빈 허무의 폐허 한가운데서 20세기의
주체는 무엇을 불러내야 할까? 19세기 말과 20세기 초의
히스테리적 투쟁으로 도달한 균열의 공동空洞 속에서
주체가 선택할 수 있는 욕망의 구조란 무엇일까? 우리는
발튀스라는 아주 특별한 화가를 매개로 해서 이 문제에
접근해볼 수 있다. 진리가 없다면, 그리하여 이승에서건
저승에서건 묘사할 대상이 아무것도 존재하지 않는다면
화가는 무엇을 그려야 하는가에 대한 대답을 찾아볼
것이다. 이를 통해 신이 죽어버린 새로운 중세의 윤리학은
무엇인지 알아보고자 한다.

살아가고 있을 뿐이라고 말이다. 이러한 범주에 포함되는 이미지를 우리는 광고 이미지 제작자들이나 미디어 영화 제작자들에게서 찾아볼 수 있다. 상품 자본주의는 이미지의 영역을 비켜가지 않기 때문이다. 오히려 반대였다. 이미지의 영역은 상품화할 수 있는 가장 손쉬운 희생양이었다. 영화와 텔레비전, 상품 포스터와 광고 영상에 이르기까지 이미지의 세계는 철저하게 소비를 위해 다듬어진다. 대중이 이해할 수 있는 수준에서 이미지들을 제한한 중세의 삽화가들처럼 20세기의 상업 미술가들은 대중의 소비 심리를 자극할 수 있는 수준에서, 그러니까 모두가 즉각적으로 이해하고 수용할 수 있는 수준에서 이미지의 가능성을 제한하기 시작했다.

이것이 이미지의 상품화이다. 그러한 방식으로 이미지를 다루는 사람들은 이미지의 모호함을 경계하기 시작했다. 이미지가 모호하다는 것은 소비를 지연시킨다는 말이었기 때문이다. 소비 욕구를 즉각적으로 향상시키기 위해서는 이해하기 쉬운 이미지들만이 허용되어야 했다. 이미지에 대한 자본주의의 대대적인 정리 작업이 시작되고 있었던 것이다. 그렇다면 이 같은 현상에 화가들은 진정으로 동조하며 부역하고 있었던 것일까? 물론 그렇지 않았다. 먼저, 20세기의 화가들은 상업 사진과 영화, 미디어와 디자인의 이미지들을 고정관념에

굴복한 형상으로 간주했다. 상품화된 이미지들은 결국
세속의 규범에 거세당한 형상들이었기 때문이다. 그와
같은 이미지들에 매혹당하는 것은 스스로의 존재를
거세당한 이미지들과 동일시하며 유한성의 내부에
사로잡히게 만든다는 것을 의미했다. 뻔한 이미지에
매혹당하는 것은 뻔한 통념에 자신의 존재를 내어주는
것과 다름없다. 그런 의미에서 자본주의적 이미지들은
진리가 아닌 것을 진리라고 주장하는 사이비 재현의
그림자들이었고, 20세기의 화가들은 이들과 경쟁하기
위해 전혀 다른 전략을 취했다. 화가들은 중세의 선조들이
그러했던 것처럼 진리를 그리는 대신 진리가 아닌 것을
지우는 방식으로, 아케이로포이에토스 전략을 통해
자신들에게 주어진 책무를 수행했다. 다른 점이 있다면
중세인들이 진리를 재현할 수 없다는 자기반성 속에서
그와 같은 실천을 했던 것이라면, 20세기의 예술가들은
진리가 존재하지 않는다는 환멸 속에서 그러한 실천을
수행했다는 것이다.

세계라는 환상과 성상파괴 운동

이미지의 환영을 거부하는 20세기의 대표적인 운동으로는
다다와, 그 뒤를 잇는 초현실주의자들의 성상파괴 운동이
있다. 이후 아방가르드 전통이라고 불리게 되며, 네오-

아방가르드의 전신이 될 이들의 전략은 모든 종류의
환상을 파괴하는 해체의 과정 자체에 집중되었다.
이들에 따르면 우리가 사는 세계는 거대한 환상이며,
이를 해체하여 빠져나가는 절차만이 진실한 행동이었다.
예술이란 해체 또는 빠져나감의 과정 속에 남겨진
진실한 흔적에 불과하며, 그것으로 족했다. 예술은
진리를 재현하는 이미지가 아니라 진리가 없다는 사실을
증언하는 과정에서 남겨진 영웅적 흔적이었던 것이다.
특히 초현실주의자들이 프로이트의 무의식 이론으로부터
영감을 얻어 세공해냈던 자동기술법은 의식의 통제라는
바벨의 환상을 극복하는 가장 주요한 수단이 된다. 우리의
주체성과 의식이란 현세를 지배하는 고정관념에 의해
생산된 환영적 효과에 불과하므로, 이것을 거부하는 것은
고정관념의 지배를 거부하는 것과 다르지 않다. 즉 주체의
욕망이란 라깡이 대타자라고 부르는 세계·언어·권력의
꼭두각시에 불과하기 때문에 이러한 욕망을 거부하는
것은 그 자체로 윤리적 실천이 된다.

　　　　그런 의미에서 의식적 행위를 거부하는
자동기술법은 인간 주체가 자신의 삶과 세계의 주인이라는
기만적인 환상을 폭로하며, 다른 방식의 아름다움이
존재할 수 있다는 것을 증명해낸다. 이에 따르면 필연성은
환상이며 우연성은 삶의 진리, 엄밀히 말하자면 진리가

없다는 진리를 증명하는 (비)절차였다. 필연성이란 언제나 그것이 형성되는 세계의 고정관념에 의존하는 것이며, 그러한 고정관념은 각각의 현실 세계를 지배하고 있는 권력에 의해 조작되는 것이다. 그러므로 우연성에 의존하는 것만이 존재를 속견의 지배로부터 해방시키는 유일한 길이 된다. 간단히 말해서 우리가 자신의 삶에 관해 필연적이라고 믿었던 모든 규범은 초월적 신의 계시가 아니라 현실 지배적 패러다임의 명령에 불과했던 것이다. 나아가서 만일 우리가 사는 세계의 삶이 한 폭의 그림이었다면, 이와 같은 그림은 진리를 모방한 것이 아니라 현실의 권력이 자신의 영향력을 보존하기 위해 그려놓은 가상의 이미지라는 것이다. 우리가 세상의 이미지를 그러한 방식으로 보게 되는 것은 그렇게 보도록 세뇌당했기 때문이라는 것이다.

따라서 초현실주의자들에게 현실의 이미지들은 보존되고 찬미되어야 할 대상이 아니라, 거부되고 파기되어야 할 권력의 환영에 불과하다. 그런 이유로 다다와 초현실주의자들에게는 이미-존재하는 환상을 해체하려는 아방가르드적 실천이 강조될 뿐 또 다른 환영을 만들어내려는 시도는 축소된다. 이들은 무의식의 흐름을 따라서, 즉 자유연상 방식으로 이미지를 나열하거나 물감을 뿌리는 등의 행위에 만족했던 것이다.

수 없을 정도로 반역적인 이미지였다. 바로 이것을 그리기 위해 그는 93년간의 생애 동안 은둔했고 침묵했고 세간의 이목으로부터 도망쳤다. 매일같이 작업했고 또 작업했지만 그가 그리는 이미지들은 모두가 서로 유사한 것들, 동일한 테마를 중심으로 끝없이 반복되는 형상이었다.

지겨울 정도로 비슷비슷한 이미지가 반복되고 있는 작품들. 그 중심에는 소녀가 있었다. 8세에서 16세 사이로 보이는 소녀들의 모호한 이미지. 여기서 모호하다는 것은 욕망에 관련하여 그렇다는 것이다. 그리고 발튀스의 작품 속에서 욕망이란 언제나 성적 욕망이다. 물론 미술의 역사 속에서 미성년 소녀 이미지에 대한 욕망의 표현들이 없었던 것은 아니다. 그러나 발튀스처럼 평생 동안 집착적으로 반복해서 그 주제를 표현한 경우는 없었다. 비교를 위해 찾아보자면 그나마 에곤 실레 정도가 있을 뿐이다. 그러나 성적 욕망에 대한 타락과 죽음의 형상화로 악명 높은 오스트리아의 이 병적인 화가조차도 발튀스처럼 단 한 가지 유형의 주제에 집착하지는 않았다.『롤리타』를 썼던 소설가 나보코프도 마찬가지다. 그 역시 단 한 번 소녀성애를 소설의 주제로 다루었을 뿐이다. 도대체 발튀스가 원했던 것은 무엇이었을까? 도발이었을까? 소아성애적 취미에 대한 자기만족이었을까? 그가 만들어내고 유지하기 위해

평생을 바쳤던 이 불안한, 동시에 매혹적인, 그럼에도 불편한 성적 환상의 이미지는 무엇을 위한 것이었을까? 이 같은 질문들에 대해 필자는 다음의 문장으로 답을 구하려 한다. 발튀스가 도달하려 했던 장소는 서구 미술의 역사가 수천 년간 은밀하게 숨겨왔던 인간 욕망의 중핵이었다고. 그것은 기독교 문화권의 인류가 집요할 정도로 반복해서 재생산해내고 있었던 악몽인 동시에, 백일몽으로서의 **예수 고난**의 형상에 대한 은유였고, 그것의 어두운 뒷면이었다. 발튀스가 그린 소녀의 이미지들은 예수라는 궁극적 욕망의 대상이 가진 또 다른 얼굴이었으며, 그가 발명해낸 가장 은밀한 욕망의 민낯이기도 했다.

신이 사라진 세계, 진리가 부재하는 폐허의 세기에 발튀스가 불러낸 이미지는 놀랍게도 예수 고난의 형상에 대한 악마적 변주였다. 어떤 의미에서 그러한가? 그의 초기 작품을 통해 살펴보도록 하자. 발튀스의 목표는 처음부터 뚜렷해 보였다. 26세가 되던 1934년, 파리에서 생애 첫 개인전을 개최할 때 그는 〈거울 속의 앨리스〉 〈거리〉 〈창문〉 〈기타 레슨〉을 전시한다. 일종의 출사표와 같았던 이 작품들 중에서 가장 논란이 되었던 것은 단연 〈기타 레슨〉이다. 어린 소녀가 성인 여성에게 붙들려 허리가 꺾인 자세로 매 맞고 있는 이미지. 바닥에 떨어진 기타는 그림 속에서 벌어지고 있는 모호한 폭력에 일종의

발뛰스, 〈기타 레슨〉, 1934년.

알리바이가 되어주고 있다. 무슨 일이 벌어지고 있는가? 밝고 창백한 빛에 의해, 허리춤까지 젖혀진 치마 아래 여자아이의 성기와 하체가 적나라하게 드러나 있다. 선생으로 보이는 여성은 한 손으로 아이의 머리채를, 다른 한 손으로 허벅지를 할퀴듯 움켜쥐고 있다. 아이는 단순히 매 맞고 있는가? 강간당하고 있는 것은 아닌가? 누가 봐도 성적 폭력이 의심되는 뉘앙스가 그림의 환상을 도착적인 것으로 만들고 있다.

무명이던 젊은 발튀스는 이 작품 하나로 당시 유럽인들의 관심을 한 몸에 받기 시작했다. 물론 그러한 관심의 대부분은 비난을 넘어선 힐난이었다. 수년 뒤 『롤리타』[2]를 썼던 나보코프가 미국인들에게서 받았던 비난에 필적할 만한 반응이 파리에서 일어났던 것이다. 당시 파리의 잡지와 신문들은 발튀스의 작품들이 병적이며 색광적이라는 야유를 퍼부었다. 가장 심각해 보였던 비난은 발튀스를 '회화의 프로이트'라고 몰아붙였던 것이다. 1930년대 파리의 교양 있는 부르주아들에게 프로이트의 이론이 던진 충격은 지금

---

2. 블라디미르 나보코프의 『롤리타』가 수년 뒤 미국 펭귄출판사에서 출간되었을 때, 문고본의 표지로 발튀스의 〈고양이와 함께 있는 소녀〉(1937)가 사용된다. 발튀스는 이미지의 사용에 반대했지만, 그의 미국 대리인 측이 허가했던 것으로 알려져 있다. Nicholas Fox Weber, Marie Muracciole trad., *Balthus: Une biographie*(Paris; Fayard, 2003), p. 478 참조.

우리가 상상하는 것 이상이었다는 사실을 고려해야 한다. 프로이트는 인간의 모든 의지를 무의식의 성적 환상에 근거한 것으로 간주했다. 그런데 그는 더 나아가 이 무의식의 성욕이 근친상간적인 것이라고 주장했다.

프로이트에 따르면 우리 모두의 무의식은 상상의 어머니 또는 아버지와의 동침을 꿈꾸는 병적인 색정광과 다르지 않다. 우리가 무슨 행동을 하건 그 행동의 숨겨진 동기는 터부시되는 성적 욕망이다. 심지어 가장 고매해 보이는 인간 문명의 빛나는 성과조차도 어둡고 낯 뜨거운 성충동의 우회적 표현에 불과하다는 것이다. 모든 것을 단순화시키는 경향이 없지 않았지만, 당시 지식인들은 프로이트의 관점을 이와 같이 이해했다. 그리고 당시 파리의 관객들이 발튀스에게서 발견했던 것 역시 동일한 욕망의 표현이었다. 그렇다면 발튀스는 이 같은 반응을 예상하지 못했던 것일까? 물론 그렇지 않다. 그는 당시의 모든 전위적 예술가들이 그러했듯이 자신의 도발적인 태도가 몰고 올 사회적 반향을 알고 있었으며, 심지어 이를 예상하고 작품에서 더욱 강하게 표현했다.

〈기타 레슨〉을 그릴 것을 계획하던 시점에 그의 연인이었고, 수년 뒤 그의 아내가 된 앙투아네트 바트빌에게 보낸 편지에서 그는 다음과 같이 말하고 있었다. "나는 진지한 감정으로 당당하게 선언하고 싶어.

육체의 모든 꿈틀대는 비극을 말이야. 본능의 흔들리지 않는 법칙을 커다란 소리로 외치며 선언하고 싶어. 그렇게 해서 열렬한 예술의 본질로 돌아가자고 말이야. 위선 따위 죽어버리라지. (…) 내가 나 자신을 모욕당할 위험에 온전히 드러내고 있다는 사실을 너는 알겠지."[3] 발튀스는 자신의 그림이 몰고 올 비난과 모욕의 반향을 이미 짐작하고 있었다. 그는 훗날 다른 편지에서 이렇게 회고한다. "나는 아주 빨리 유명해지고 싶었지만, 돈 때문은 아닐 거야. 불행히도 그 당시 파리에서 유명해지는 방법은 스캔들뿐이었지." 그리고 또 다른 편지에서 그는 이렇게 말한다. "어느 신문은 나를 '회화의 프로이트'라고 평가하더군. (…) 순진무구한 학생들의 바로 옆집에 '회화의 프로이트'가 살고 있다는 거야. 참을 수 없이 우스운 일이지."[4]

　　예견대로 발튀스는 온전히 모욕당했고 스캔들의 중심에 선다. 발가벗겨진 희생자 소녀와 레즈비언이 확실해 보이는[5] 가해자 성인 여성의 뒤얽힌 이미지. 그러나 소녀가 단순한 희생자인지를 의심하게 만드는 둘 사이의

---

3. Ibid., pp. 131~132.
4. Balthus, *Correspondance amoureuse avec Antoinette de Watteville 1928-1937* (Paris; Buchet Chastel, 2001), p. 198.

5. 같은 편지에서 발튀스는 이 작품의 모티브 중 하나가 레즈비언에 관한 것이라 언급하고 있다. Ibid., pp. 131~132.

상호적 폭력성. 사디즘과 마조히즘. 고통과 쾌락을 뒤섞는,
성도착에 관한 모든 전략이 〈기타 레슨〉이라는 작품을
통해 여과 없이, '당당하게 선언'되고 있다. 그야말로
'육체의 모든 꿈틀대는 비극'이 묘사되고 있었던 것이다.
그리하여 발튀스는 자신의 표현대로 "사람들을 흔들고
싶었고",[6] 그것을 성취한다. 그러나 이것이 전부인가?
이 작품이 보여주고 있는 것이 단지 외설의 수준에서
사람들을 수군거리게 만드는 가십거리에 불과한 것일까?
그게 아니라면 발튀스 자신이 말하고 있듯이 "본능의
흔들리지 않는 법칙", 나아가서 **'열렬한 예술의 본질적
내용'**에 관한 것이 표현되고 있었던 것은 아닐까? 이에
관한 대답은 작품 자체의 이미지가 은밀하게 말을 건네고
있었던 또 다른 회화 속에 숨겨져 있다. 〈기타 레슨〉이
응답하고 있었던 작품은 바로 500여 년 전 프랑스의 화가
앙게랑 콰르통이 그린 피에타였다.

예수-팔루스에서 소녀-팔루스로[7]

콰르통의 피에타는 히스테리의 일그러진 이미지로 죽은
예수의 신체를 묘사하는 전형적인 종교화다. 십자가에서
내려지는 예수를 표현하는 이미지로부터 우리가 주목해볼
것은 경직되어 비틀린 예수의 형상이다. 뒤쪽으로 심하게
꺾인 예수의 경직된 신체는 중력에 저항하지 못하고

아래로 미끄러지고 있다. 성모 마리아의 무릎에 위태롭게
올려진 예수는 결코 완전히 죽은 것 같지 않다. 고난
속에서 죽어가는 자신의 아이를 내려다보며 비탄에
잠긴 어머니는 두 손을 모으고 있다. 예수의 형상에 대한
이 같은 표현은 기독교 문명권의 서구 미술사가 거의
1000년에 걸쳐 반복해온 악몽인 동시에 백일몽으로서의
환상이었다. 이것이 악몽인 것은 예수의 고통 때문이다.
이미지로 표현된 그의 고통은 이를 바라보며 동일시하는
관객에게 전이된다. 신이 스스로를 파괴하는 이미지,
인류를 구원하기 위해 자신을 죽음 속으로 몰아넣었던
이미지는 서구 인류가 상상할 수 있었던 가장 죄스러운

6. Ibid., p. 242.
7. 라깡 정신분석의 용어인 팔루스에 대한
    상식적 차원의 설명은 다음과 같다.
    '남근'을 의미하는 팔루스는 욕망의
    궁극적 대상이다. 우리 인간의 욕망
    구조는 언제나 방향성을 갖는데, 이러한
    흐름은 유아기에 형성된다. 어린아이는
    교육과정에서 자신에게 금지된 욕망,
    자신이 상실했다고 가정된 욕망을
    하나의 대상으로 설정하게 된다. 그리고
    이것을 되찾기 위해 어른들의 세계를
    관찰한다. 이때 어린아이는 자신에게
    금지되었지만 어른들에게는 허용된
    것이 있다는 상상을 하게 되고 그것을
    추구하기 시작한다. 빨리 어른이 되어서
    자신이 상실한 것을 되찾겠다는 소망을
    갖게 되는 것이다. 이와 같은 소망 속에
    어른들이 갖고 있는 것, 그중에서도
    가장 강해 보이는 아버지, 또는 그와
    유사한 위치의 어른들이 갖고 있는
    것을 궁극적 욕망의 대상으로 설정하게
    된다. 남근은 어린아이들의 세계에서는
    불완전하거나(남아) 존재하지
    않으며(여아) 권력을 가진 자들로
    보이는 아버지의 세계에만 존재하는
    어떤 것으로 관찰된다. 팔루스는 이처럼
    유아기의 경험에서 시작된 욕망의 구조적
    대상인데, 이후 인간 주체는 이것을
    일반적으로 지금 여기에는 상실된 것인
    동시에 오직 미래에만 가능해 보이는
    욕망의 대상으로 상상하게 된다.

고통이지 않은가? 그것은 원죄에 빠진 인간의 속된 욕망이 저지를 수 있는 최고의 범죄에 대한 결과다.

예수를 죽음으로 몰고 간 것은 악마 또는 폭정자가 아니었다는 사실을 상기해보자. 예수를 고발하고 팔아넘긴 뒤 그가 사형을 선고받도록 주장했던 것은 바로 유대인들, 예수와 동일한 신을 믿고 있었던 아주 평범한 사람들이지 않았는가? 그리하여 유대인들은 그 대가로 삶의 안녕을 되돌려 받지 않았는가? 그런 의미에서 예수 고난의 이미지는 세속의 삶을 보존하기 위해 진리를 팔아넘겼던 유다의 욕망과 중첩된다. 또는 일상의 안녕을 보존하기 위해 예수를 부인했던 베드로의 욕망과 교차된다. 정신분석은 이와 같은 유다와 베드로의 욕망을 '쾌락원칙'이라 부른다. 이것은 삶의 안녕이라는 항상성을 보존하기 위해 과도한 쾌락을 거부하고 억압하는 역설적 원칙이다. 평온한 삶의 보존을 위해 소량의 쾌락만을 허용하는 원칙. 속세의 보잘것없는 환상을 보존하기 위해 진리의 절대적 쾌락을 포기한 유다와 베드로의 욕망원칙. 예수를 부인하는 베드로는 불타는 진리의 주이상스로부터 멀찍이 물러나려는 방어적 '쾌락원칙' 속에 있었다.

이와 비교되는 것이 고통받는 예수가 보여주는 일그러진 이미지이며, 우리는 이것을 진리의 최고점에 도달한 주이상스의 이미지라고 해석할 수 있다. 예수의

앙게랑 콰르통, 〈빌뇌브 레 아비뇽의 피에타〉,
1455~60년경.

고통은 사실상 인간이 상상할 수 있는 최고의 쾌락이었던 것이다. 그것은 진리의 쾌락에 지나치게 가까이 접근한 욕망이 스스로를 일그러뜨리며 소멸해가는 형상이다. 미지근한 속세의 질서로부터 벗어난 진리는 태양처럼 불타는 것이기에, 이에 접근하는 주체의 욕망은 세속적 신체가 불타 일그러지는 사태를 감수해야 한다는 것이다. 진리의 주이상스는 36.5도의 미지근한 체온이 견딜 수 없는 발화점을 갖기 때문이다. 고통 속에서 예수가 말했던, "아버지시여, 어찌하여 나를 버리시나이까?"라는 표현은 인간으로서의 예수가 태워버려야 했던 세속적 논리의 마지막 문장이라고 할 수 있다. 또한 이것은 쾌락이 언제나 타자와의 관계 속에서만 출현한다는 사실을 암시한다. 유아기의 신체에 각인되는 절대적 쾌락이란 언제나 부모의 역할을 했던 타자와의 관계 속에서만 형성되기 때문이다. 그리하여 초과적 쾌락-고통에 접근하는 예수의 일그러진 입술은 절대적 타자를 부르는 "아버지시여"를 발음하며 주이상스의 발화점에 도달한다. 한편 우리는 이것을 아비 바르부르크가 병리 형식(파토스 형식^{pathosformel})의 이미지라 부른 것과 비교해볼 수도 있다. 병적으로 뒤틀린 이미지. 세속의 질서와 조화를 포기한 이미지. 스스로 함몰해가는 이미지. 쾌락의 절정에서 활처럼 뒤로 꺾이며 일그러지는 신체는 고통과 쾌락을 뒤섞는 주이상스의 형상이다.

태어났다. 그 이후 이를 보고 감동한 개인들의 피학적
환상은 더욱 강화되었다. 정신분석의 토대가 되는
'반-쾌락론', 그러니까 쾌락과 고통의 동일성을 사유하는
관점은 무의식의 영역에서 발견되는 격렬한 고통의
이미지가 지고의 쾌락과 다르지 않다는 사실을 알려준다.
이와 같은 관점에서 바라본 콰르통의 작품은 욕망 대상
중에서도 최고라 할 수 있는 예수의 이미지가 안정된
쾌락의 영역을 벗어나 죽음충동의 영역으로 들어서는
마조히즘의 순간을 그려내고 있다.[10] 역설적이게도
고통받는 예수는 서구 문명이 상상해낼 수 있는 최고의
쾌락에 관한 이미지였던 것이다.

사빈 르왈드가 지적했듯이 발튀스의 ‹기타
레슨›에서 소녀의 포즈를 통해 고스란히 반복되었던 것이
바로 콰르통의 예수가 느끼는 마조히즘적 고통이다.[11]
발튀스는 1000년이 넘도록 지속되어오던 성화상의
은밀한 전통을 이어받고자 했던 것이다. 그러나 이번에는
종교에 관한 모든 환상이 소멸한 세기의 성화상이었고,
오직 욕망에 관한 근본적 환상만이 남겨진 것으로서의

---

10. 예수의 신체 이미지는 그런 의미에서
팔루스다. 특히 고난 속의 예수,
또는 십자가에서 내려진 죽은 예수의
이미지는 쾌락의 영역을 넘어서
타나토스의 영역으로 들어서고 있는
팔루스라고 말할 수 있으며, 이미
사디즘과 마조히즘의 신체-물신이
되어가고 있는 팔루스, 즉 현실화된
상상적 팔루스다.

성화상이었다. 유물론의 관점에서 발가벗겨진 성스러움에
관한 일종의 해석학인 것이다. 발튀스는 그곳에 아버지의
아들이 아닌 딸을, 그것도 아주 어린 소녀를 초과적
욕망의 대상으로, 죽음충동의 이미지로, 물신적 대상으로
설정하는 도발을 감행한다. 발튀스의 성화상은 예수의
신체를 소녀의 신체로 대신한 것이다. 그러자 성화상은
쾌락과 관련된 보다 직접적인 진실을 드러낼 수 있게 된다.
전통적 성화상에서 예수 고난의 이미지가 아버지에게
매 맞는 환상의 숨겨진 표현이었다면, 발튀스는 이것을
'어머니'에게 매 맞는 소녀의 이미지로 전환시키면서 보다
근본적인 욕망의 영역을 표현할 수 있었다. 이에 대한 보다

11. 〈기타 레슨〉과 콰르통의 〈빌뇌브 레
아비뇽의 피에타〉 사이의 동일한 구조에
대한 논점을 처음 제기한 사람은 사빈
르왈드이다. 이에 대한 설명은 다음을
참조할 것. Sabine Rewald, Simone
Manceau trad., *Balthus: Le temps
suspendu, peintures et dessins
1932-1960*(Arles; Actes Sud, 2008), p.
14. 한편 사빈 르왈드가 〈기타 레슨〉과
콰르통의 피에타 사이의 관련성을
주목하기 훨씬 전부터 발튀스의 회화가
서구 미술사에 대한 재해석이었음을
밝힌 연구들이 있다. 그중에서도
벨라스케스의 〈시녀들〉을 분석했던 자크
라깡의 1966년 강의들이 가장 눈에

띈다. 라깡은 1966년 5월 18일 강의에서
벨라스케스의 〈시녀들〉과 발튀스의
〈거리〉가 응시에 관해 동일한 구조를
갖는다고 언급한다. 발튀스의 〈거리〉는
스페인의 거장 벨라스케스가 눈과
응시에 관해 창조한, 복잡한 미로에 대한
헌사인 동시에 20세기적 재해석이라는
것이다. 물론 이것이 전부는 아니다.
발튀스가 그렸던 소녀들의 상당수가
서구 미술사의 이미지를 재해석하고
있다. 예를 들어 1975~78년에 그려진
〈기상〉의 소녀는 카라바조가 1602년에
완성한 〈사랑의 승리〉에서 표현된
인물의 자세를 거의 동일한 방식으로
반복하고 있다.

선명한 이해에 도달하기 위해 프로이트와 오토 페니헬 그리고 라깡의 정신분석 이론을 참조하도록 하자.[12] 그림을 그렸던 발튀스 역시 초기부터 정신분석 이론을 참조했던 것으로 추정된다는 것을 염두에 두면서.[13]

오토 페니헬이 공식화하고 있는 '소녀=팔루스' 이론의 중심에는 거세된 여성과 거세되지 않은 어머니라는 무의식의 대립적 환상이 존재한다. 남근을 갖지 못했다는 환상은 여성의 무의식에 거세되었다는 열등감과 함께 남근선망penisneid을 자리 잡게 만든다. 물론 생물학적 차원에서 여성은 여성기, 즉 질을 가지며 남성은 남성기, 즉 페니스를 갖는다는 것이 사실이지만 무의식의 차원에서는 다르게 해석된다. 인류 공동체는 유사 이래 수컷이 지배하는 사회였으므로,[14] 성행위가 가능할 정도로 성숙한 페니스는 성인 수컷의 우월성을 상징하게 된다. 따라서 아버지가 소유했다고 가정된 이것은 남아, 여아를 구별하지 않고 일종의 '선망의 대상'이 된다. 차이가 있다면 남아는 아버지와 같은 성인이 되어서 남근을 소유할 수도 있을 가능성에 노출된 반면, 여아는 남근의 실질적 '소유'가 원천적으로 차단된다는 것이다. 이처럼 여성의 남근선망은 문명에 의해 인위적으로 강제된 무의식의 거세환상으로부터 발생하는 것이다. 이러한 무의식의 환상이 상실된 것으로서의 상징적 남근이라는 대상을 구성한다. 인간은 바로 이것을 소유하고자 하는 열망에 휩싸이게 되는 것이다. 만일 사정이 그러하다면 성인이 된 남성은 실질적인 남근을 소유하게 되었으므로 절대적 만족에 도달하는가? 그렇지 않다. 왜냐하면 성인이 된 남성의 무의식은 어린 시절에 구성된 것이라는 의미에서 유아적이기 때문이다. 그가 실질적인 페니스를 갖게 되었다는 현실은 무의식의 차원에서 아무런 효과도 발휘하지 못한다. 그의 마음은 여전히 유아적 구조 속에서 자신이 갖지 못한 아버지의 남근을 소유하려는 열망을 좇을 뿐이다.

한편 여성의 경우는 어떠한가? 그녀는 자신에게 금지된 남근을 어떻게 추구하며 소유하게 될 것인가?

12 라깡은『세미나 4: 대상관계』[Jacques Lacan, *Le Séminaire livre IV: La relation d'objet*(Paris: Le Seuil, 1998), p. 167]에서 이에 대한 논평을 하고 있다. 여기서 오토 페니헬Otto Fenichel의 논문을 참조하고 있는 라깡은 소녀의 이미지와 욕망의 궁극적 대상으로서의 팔루스가 동일시되는 현상, 즉 '소녀=팔루스' 현상을 설명한다. 라깡이 참조한 페니헬의 논문은 1949년 *Psychoanalytic Quarterly*, Vol. XVIII, N° 3에 게재된 것이다.

13. 당시 발튀스가 프랑스의 초기 정신분석가들에게 둘러싸여 있다시피 했다는 사실을 간과할 수 없다. 프랑스의 정신분석가들은 그의 첫 번째 전시가 있자마자 즉각적으로 관심을 갖기 시작했는데, 이들은 다음과 같이 말했다고 한다. 발튀스는 언제나 "프로이트적 원장면을 그린다"고. 심지어 발튀스는 이후 라깡과 교류했고, 라깡은 발튀스의 작품들을 소장하게 된다.

14. 인류의 역사를 수컷이 지배한다고 보는 관점에는 그 어떤 남성적 우월성에 대한 환상도 섞여 있지 않다. 남성이 인류 역사의 주인공이 되었던 것은 단지 남성이 더 많은 근육과 더 포악한 성질을 지녔다는 사실에 근거할 뿐이기 때문이다.

프로이트는 이에 대해서 여성이 아이를 낳음으로써 상징적 남근을 비로소 소유할 가능성에 접근한다고 말한다. 그러나 이보다 즉각적이며 보다 직접적으로 남근선망의 환상을 만족시키는 방법이 있는데, 그것은 바로 '소녀=남근'이라는 무의식적 동일시 전략을 통해서다. 간단히 말해 여성이 무의식적으로 자신을 어린 소녀의 이미지와 동일시하면서 자신이 아버지에게 가장 소중한 것, 즉 남근 그 자체가 될 수 있다는 것이다. 남근을 **소유**할 수는 없지만 그것 자체가 **됨**으로써 남근선망의 콤플렉스를 넘어서는 것이다. 이러한 환상은 남성 파트너가 자신을 소녀 취급하도록 하는 여성들의 성애적 경향 속에서 쉽게 발견할 수 있다. 흔히 애교를 부리는 이미지 속에 숨겨진 만족의 성향은 스스로를 어린 소녀와 동일시하면서 유아기의 아버지를 불러내는 전략과 다르지 않다. 여성의 무의식적 환상 속에는 이처럼 스스로를 롤리타와 동일시하면서 대타자의 욕망에, 그러니까 아버지의 욕망에 접근하는 지름길이 각인되어 있다.[15]

그러나 여기에는 한 가지 의문이 있다. 그것은 롤리타 콤플렉스가 주로 남성의 무의식에서 출현한다는 사실과 관련된다. 어린 소녀에 대한 성애는 일부 남성들의 몫이지 않은가? 오토 페니헬에 따르면 이러한 성애적 경향성 역시 '소녀=팔루스'의 공식을 따른다.

놀랍게도 어린 소녀를 욕망의 대상으로 간주하는 남성의
무의식에는 대상이 된 소녀의 이미지와 자신을 동일시하는
나르시시즘적 전략이 숨겨져 있기 때문이다. 미성년 소녀를
욕망하는 남성들 역시 아버지에 대한 욕망의 대상으로
스스로를 제공하려는 경향이 숨어 있다는 것이다. 따라서
어린 소녀에게 부성적^{父性的} 이미지를 통해 접근하는 남성의
겉모습은 일종의 무대장치에 불과하다. 그 자신은 결코
알지 못하지만, 남성의 무의식은 이미 자신 앞에 존재하는

15. 한국과 같이 여성에 대한 억압과
차별이 문화적으로 깊숙이 각인되어
있는 사회에서는 여성의 남근 부재에
대한 은유가 더욱 폭력적인 방식으로
일반화되어 있다. 이에 대한 반작용으로
등장하는 것이 바로 여성 자신의
수치심이다. 한국사회에서는 여성이
추상적인 방식으로건 실질적인
방식으로건 자신을 드러내기를 꺼려하는
경향이 존재한다. 남 앞에 자신의
인격을 드러내거나 신체를 노출하는
것에 대한 극심한 수치심이 그것인데,
이것은 한국 여성의 무의식에 각인된
수치심에 기인하는 것이다. 물론
남근이란 상징적인 것이기에 어디에도
존재하지 않는다. 그럼에도 남성들은
이것에 접근할 수 있다는 환상 속에서
자신의 존재를 드러내는 것에 거부감을
갖지 않지만, 여성들은 상상적으로
거세된 신체와 존재를 드러내는 것에
강요된 수치심을 갖도록 교육된다. 오토

페니헬은 이와 같은 마음의 경향이
증상적으로 출현하는 사례를 다루고
있다. 그는 어느 여성 신경증 환자가
남들에게 웃음거리가 되는 것에 대한
극단적인 두려움을 갖고 전전긍긍하며
살아가는 것을 사례로 제시한다. 이
여성의 무의식은 자신에게 페니스가
없다는 사실이 밝혀지는 것에 대한
두려움과 수치심에 병적으로 사로잡혀
있었던 것이다. 뒤집어 말해 남성중심적
억압사회는 여성을 결여된 존재로
규정하는 문화적 폭력을 행사한다는
것이고, 이것의 결과로 여성의 무의식은
수치심의 과도한 엄습으로 고통받는다는
것이다. 페니헬의 여성 신경증 환자
사례는 다음 논문을 참조했다. Otto
Fenichel, "Die Symbolische Gleichung:
Mädchen=Phallus(1936)," I. Z. P. in
*L'Impromptu psychanalytique de la
Picardie*, n° 6, Par Francis Felzin trad.,
1991.

잔 로렌초 베르니니, 〈성 테레사의 법열〉, 1647~52년.

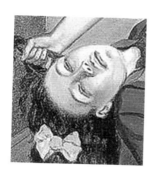

⟨기타 레슨⟩ 속 소녀의 얼굴(왼쪽)과
⟨성 테레사의 법열⟩ 속 성녀의 얼굴(오른쪽).

추락하는 팔루스의 전통

욕망의 궁극적 대상을 소녀의 이미지로 대체하는 발튀스의 전략에서 또 한 가지 주목해야 하는 것은 추락의 구도다. 〈기타 레슨〉을 비롯해서 소녀를 다루는 그의 모든 그림에서 우리가 발견하는 것은 불안정한 소녀의 자세, 거의 추락하는 구도에 가까운 모습이다. 그의 또 다른 대표작이라고 할 수 있는 〈벤치 위의 테레즈〉에서도 이 같은 구도적 불안정성이 확연히 눈에 들어온다. 이 작품에 그려진 소녀의 자세는 이제 막 아래로 흘러내릴 듯 비스듬히 기울어져 있다. 이와 같은 자세는 미술의 역사에서 아주 드물게만 등장했다. 예를 들어 17세기의 매너리즘 화가들이 그러했는데, 파르미자니노의 그림이 대표적이다. 또는 미켈란젤로의 후기 작품들, 〈죽어가는 노예〉를 비롯하여 〈피렌체의 피에타〉 또는 〈최후의 심판〉이 그러했다.

카라바조 역시 비스듬히 흘러내리는 불안정한 구도를 사용했는데, 대표적인 작품이 바로 〈승리의 큐피드〉다. 묘사의 대상을 하나의 안정된 구도 속에 가두어 표현하는 것이 회화가 욕망 대상을 포획하는 기술이라고 한다면, 이 작품에서는 그러한 포획이 불가능한 상황이 연출되고 있다. 묘사된 큐피드는 미끄러지듯 아래 방향으로 흘러내리고 있기 때문이다. 발튀스가 자신의

발튀스, 〈벤치 위의 테레즈〉, 1939년.

파르미자니노, ‹긴 목의 마돈나›,
1535~40년경.

미켈란젤로, ‹피렌체의 피에타›,
1547~55년경.

거의 모든 작품에서 실현하고자 했던 것 역시 이 같은
흘러내림의 전통이며, 빠져나가는 이미지의 계보다.
발튀스의 작품 어느 것 하나 이러한 불안정성이 누락된
이미지가 없다. 카라바조의 〈승리의 큐피드〉에서 사용된
구도가 발튀스의 〈기상〉이라는 작품에서 동일하게
반복되고 있는 것만으로도 작가의 의지를 다시 한번
확인할 수 있다.

　　　발튀스의 이러한 작품 경향은 그가 서구 미술의
전통 속에 등장하는 히스테리적 욕망의 구도를 정확히
이해하고 있었음을 증명한다. 또한 그가 그러한 전통의
연속성 속에 자신의 작품이 위치되기를 노렸다고 볼
수밖에 없는 흔적들이 그의 작품 곳곳에서 발견된다.
그리하여 이처럼 불안정한 구도를 강조하는 이미지
앞에서 우리가 만나게 되는 것은 욕망의 대상이, 팔루스가
질서로부터 빠져나가는 사태다. 흔들리는 욕망의 대상,
흘러내리는 팔루스는 그것을 사로잡으려고 하는 문명의
시도를 실패로 돌아가도록 만든다. 그리고 이러한
실패의 이미지들은 우리가 파라시오스로부터 시작해서
만딜리온과 프라 안젤리코를, 그리고 시모네 마르티니를
경유하며 살펴보았던 병적인 이미지들의 역사에 하나의
계보가 형성되어 있음을 증명해준다. 물론 발튀스가
그러한 계보의 마지막 예술가는 결코 아닐 것이다.

카라바조, 〈승리의 큐피드〉,
1601~02년경.

발튀스, 〈기상〉, 1975~78년경.

발튀스의 작품으로로부터 영향을 받은 21세기의 예술가들이 출현하고 있기 때문인데, 그 대표적인 사례가 줄리아 풀러튼 베이튼Julia Fullerton-Batten이다. 그녀의 사진 작업은 팔루스로서 기능하는 욕망의 대상을 규범적 한계로부터 미끄러지도록 만드는 미학, 추락하는 이미지의 미학이라 부를 수 있는 것이 어떻게 21세기로 연결되고 있는지를 보여주고 있다.

3장. 회화의 성도착과 승화에 관하여: 20세기의 수도사 발튀스

고정관념을 초과하는 아름다움의 힘

이제까지의 논의를 정리해보면 다음과 같다. 예수 고난의
성화상은 서구인들 최고의 욕망 대상인 예수를 '견딜 수
없는 쾌락'의 형상 속에서 묘사하고 있었다. 교회의 권력은
이러한 묘사를 적극 권장했는데, 전통적으로 종교의
기능이 인간의 욕망을 통제하는 것이기 때문이다. 표현될
수 있는 것들 중에서 최고치에 도달할 수 있는 욕망의
형태를 결정하는 것 역시 교회의 권력이었다. 그중에서도
예수 고난 이미지 또는 법열에 사로잡힌 성자의 이미지는
교회가 욕망에 관해 허용할 수 있는 최고치의 이미지라고
할 수 있다. 그것은 성적 주이상스의 표현이 기독교 담론의
한계 속에서 출현할 수 있는 가장 급진적인 형상이었다.
고통 속에서 또는 망아적 실신의 상태에서 하나님
아버지를 부르고 있는 예수와 성자들의 이미지는 인간의
무의식에 남겨진 유아기의 쾌락을 환기시키고 있었기
때문이다.

그러나 교회는 이러한 욕망의 이미지가 얼마나
위험한 것인지 또한 잘 알고 있었다. 그것은 자칫하면
신의 영광이 아닌 육체의 쾌락을 표현하는 것으로 전락할
수도 있었다. 바로 그러한 이유 때문에 교회는 이미지가
성서의 문맥 속에서만 표현될 것을 강제했다. 망아적
쾌락이나 고통을 표현하는 모든 서구 예술작품이 언제나

기독교 담론의 한계 속에서 명백한 의미를 전달하고
있었던 이유가 여기에 있다. 여기서는 그 어떤 불투명성도
허용되지 않는다. 예수의 신체가 뒤틀려 고통스러워하고
있다면, 십자가에 못 박혔거나 그렇게 죽임을 당한 뒤
십자가에서 내려지고 있기 때문이다. 성자의 얼굴이
망아적 황홀경 속에서 일렁이고 있다면, 그것은 신의
충만한 은혜가 그녀를 사로잡고 있기 때문이다.

그런 식으로 성서의 의미가 이미지의 초과하는
주이상스를 강력하게 사로잡아 고정시켜야만 한다.
그렇지 않는다면 이미지로부터 발산되는 과도한 정념은
성서적 의미의 세계를 흔들고, 고정된 관념들의 안정성을
파괴할 수도 있다. 신성한 사건이 드러내는 리비도의
초과가 현세의 유한성을 위협할 수도 있다. 거세되지
않은 이미지의 매혹은 상식적 세계의 의미와 결탁한
성서적 담론의 질서를 뒤흔들 수도 있었다. 현실적 안위를
걱정하는 교회의 권력이 무엇보다 경계했던 것은 바로
이러한 흔들림이었다.

결론부터 말하자면, 인간의 시선을 사로잡는 쾌락과
고통의 이미지가 모호한 상태에서 출현하는 것은 곧
우리 자신의 욕망이 의미의 통제를 벗어나는 방식으로
표현되고 있음을 의미한다. 그리하여 설명될 수 없는
욕망의 출몰은 마음을 통제하는 규범의 세계를 흔드는

잔 로렌초 베르니니, ⟨축복받은 루도비카 알베르토니⟩ 중 일부,
1671~75년경.

이젠하임 제단화의 ‹십자가 처형› 중 일부,
1512~16년경.

결과로 이어진다. 이러한 사태는 결국 자아를 몰락으로 이끄는 증상적 사태를 초래하게 될 것이다. 오늘날의 정신의학이 흔히 병적인 상태로 규정하는 마음의 카오스, 불안과 매혹 사이를 오락가락하는 영혼의 병적인 흔들림이 그것이다. 서구 미술은 이것에 접근하려는 욕망과, 접근을 통제하려는 교회 권력의 양극단 사이에서 위태로운 줄타기를 하고 있었던 것으로 이해할 수 있다. 그런 의미에서 과거의 교회 권력은 오늘날의 정신의학이 수행하는 역할을 떠맡고 있었다고 말할 수 있다. 증상적인 이미지, 초과하는 욕망의 이미지에 의미를 부여하고 안정시키는 역할이 그것이다.[1] 이와 같은 서구 교회의 역할을 라깡의 정신분석적 경구에 따라 정의해본다면 다음과 같다. 그것은 교회가 아름다움이 선보다 멀리 갈 수 없도록 통제하는 역할을 담당했다는 것이다. 우리의 욕망을 촉발시키고 사로잡는다는 의미에서 아름다움은 주이상스와 관련된 것인데, 그런 의미에서 아름다움은 파괴적이다. 그것은 우리의 이성을 넘어서도록 만드는 역능을, 도덕적 판단이나 현실적 규범을 망각하도록

---

1. 교회 권력의 통제가 일상적으로 실행되는 대표적인 사례가 바로 고해성사다. 개인의 마음속을 부유하는, 모호했던 욕망의 이미지를 선과 악의 기준에 따라 분류하는 고해성사의 절차는 모호한 이미지를 선명한 의미의 영역으로 포획한다.

만드는 힘을 갖기 때문이다. 따라서 교회의 권력은 아름다움의 초과하는 경향을 통제한다. 교회는 회화의 이미지가 언제나 성서의 담화에 복종하도록 만들면서 이러한 통제를 완성하고 있다.

그러나 때로는 교회의 이 같은 통제를 벗어나는 것이 오히려 더욱 진실한 신앙을 드러내는 것으로 간주되는 경우도 있었다. 앞선 장에서 살펴보았던 프라 안젤리코의 사례가 그렇지 않았는가? 시모네 마르티니의 회화 역시 교회가 통제하는 의미의 질서를 넘어서는 방식으로 이미지의 정념을 병리적인 것으로, 로고스의 바벨탑을 흔들며 초과하는 것으로 만들고 있었다. 잠시 살펴보았던 파르미자니노와 미켈란젤로의 후기 작품도 그러했다. 그리고 이러한 병리적인 이미지의 아름다움은 고정관념의 한계 바깥으로 우리의 사유를 데려가는 역할을 수행한다. 프라 안젤리코와 시모네 마르티니를 비롯한 중세 회화의 위대한 전통은 이처럼 현세를 지배하는 최고선의 관념으로부터 인간의 사유를 해방하는 것이었다. 회화에서 "아름다움은 선보다 멀리 간다"는 말의 의미는 그렇게 이해되어야 한다. 여기서 '선'이라고 표현된 것을 분명히 규정하자면, 그것은 고정관념의 한계를 말하는 것이다. 따라서 '미'가 '선'보다 멀리 간다는 라깡의 명제는 사실 중세의 신비주의자들이 진리에 도달하기 위해 의존했던

논리였으며, 이제부터 우리가 다시 살펴보게 될 발튀스의
회화가 이어가는 전통이기도 하다. 그것은 우리의 삶을
한계 짓고 가두는 현실적 패러다임으로부터 빠져나가는
이미지의 추구이기 때문이다.

초과하는 아름다움이 도달하는 곳

최초의 개인전을 스캔들 속에서 치러냈던 발튀스는
이후로도 논란의 중심에 서기를 마다하지 않았다. 그가
지속적으로 어린 소녀의 이미지를 작품의 주제로 다루었기
때문이다. 물론 언제나 그런 것은 아니었다. 그는 거리
풍경이나 산악지대의 풍경을 주제로 그리기도 했고, 더러
지인들의 인물화를 그리거나 드물게나마 초현실주의
화풍의 상상화도 그렸기 때문이다. 발튀스를 분석하는
일단의 미술비평가들 중에는 이 같은 주제의 다양성에
주목하면서 그의 소녀성애적 경향이 지엽적이며 사소한
것이라 주장하는 이들도 있다. 그러나 필자는 발튀스
작품의 핵심을 이해하기 위해서는 소녀성애적 주제에
전적으로 주목하지 않을 수 없다는 견해를 견지하고자
한다. 소녀의 이미지에 매혹당한 발튀스의 욕망은 그
자신이 인정하고 공식화한 개인적 욕망의 진실인 동시에
예술가로서의 화두이기 때문이다. 발튀스는 자신의 가장
은밀한 욕망의 진실을 드러내기를 마다하지 않았고,

이것을 예술의 공적 영역에서 화두로 제시하는 대담함을 실천하고 있었던 것이다.

실제로 발튀스가 소녀들을 사랑했던 것은 분명하다. 그의 첫 번째 아내였던 앙투아네트 드 바트빌[2]과의 이혼 뒤 발튀스는 철학자 조르주 바타유와 배우 실비아 바타유 사이에서 태어난 딸이자 이후 정신분석가 자크 라깡의 의붓딸이 되는 로랑스 바타유와 교제하게 되는데, 그때 그녀의 나이는 17세였다.[3] 그뿐만 아니라 발튀스가 46세 되던 해에 교제했던 프레데릭 티쏭이라는 16세 소녀는 발튀스 자신의 형 피에르 클로소프스키[4]의 수양딸이었다. 이후 두 번째 결혼 상대였던 일본인 여성 세츠코가 중년의 발튀스를 처음 만났을 당시의 나이는 19세였다. 이처럼 발튀스가 실제로 연인 관계를 맺고 교제했던 대부분의 여성들은 사춘기의 소녀들이거나, 이제 막 사춘기에서

2. 발튀스와 앙투아네트 드 바트빌은 각각 16세와 12세의 나이에 처음 만났다고 전해진다.

3. 실비아 바타유는 조르주 바타유와 이혼한 뒤 라깡과 결혼했다. 발튀스가 로랑스 바타유를 처음 만난 것은 1947년 초현실주의자들과의 저녁식사 자리였는데, 이때 라깡과 실비아 바타유가 함께 있었다고 한다. 같은 해 발튀스는 로랑스 바타유를 모델로 해서 ‹지중해의 고양이›를 그린다.

4. 발튀스보다 세 살 많았던 그의 형 피에르 클로소프스키(1905~2001)는 프랑스의 소설가, 화가, 문학평론가, 철학자다. 프랑스 비평가상과 문학국가대상을 수상했다. 특히 니체 연구로 잘 알려져 있는데, 그가 쓴 『니체와 악순환』(조성천 옮김, 그린비, 2009)은 20세기의 가장 영향력 있는 니체 연구서로 꼽힌다. 또한 『나의 이웃 사드』『불길한 욕망』『낭트 칙령의 파기』등의 작품이 유명하다.

벗어난 어린 여성들이었다. 그런 의미에서 발튀스의 욕망은 소아성애적이라 의심받을 만한 경향을 보이고 있었다.

그렇다고 해서 발튀스를 성범죄 경향이 있는 남성으로 간주할 수도 없다. 그가 실제로 연인 관계를 맺었던 것이 확인된 가장 어린 소녀의 나이가 16세였기 때문이다. 게다가 당시에는 성적 자기결정권에 관한 실정법이 존재하지 않았으므로, 그가 법을 위반했다고 볼 수 있는 근거도 없다. 그럼에도 발튀스가 현대 사회의 **상식**으로는 받아들이기 어려운 성적 환상의 소유자였다는 사실을 부정할 수는 없다. 병적이라고 할 수는 없을지라도 그다지 명예롭지 못한 욕망을 소유했던 발튀스가 소아성애적 경향의 다른 남성들과 달랐던 점은 그것을 감추지 않고 드러냈으며, 회화의 영역에서 한정된 방식으로 추구했다는 사실이다. 그는 미성년자를 성폭행하거나 추행하는 대신 그림에 매달렸다. 실제로 발튀스의 모델이 되었던 수많은 소녀들이 성인이 되어 증언한 바에 따르면 발튀스는 그림을 그리기 시작하는 순간 앞의 모델로부터 관심을 거두어버렸다고 한다. 그는 붓을 드는 순간 자기 자신의 상념 속으로 물러서는 듯 보였고, 마치 다른 곳에 존재하는 사람처럼 존재의 문을 닫아버렸다. 모델로 선 소녀들의 신체는 발튀스가 자신의 깊은 곳에 존재하는 욕망의 장소로 내려가기 위한 자극제일 뿐이었다.

그렇다면 발튀스는 소녀들의 이미지를 매개로
해서 어디로 가려 했던 것일까? 발튀스의 전기 작가들에
의해 밝혀진 내용들과, 그가 열한 살의 나이에 그렸다고
알려진 첫 번째 공식 작품을 참조함으로써 우리는 비로소
그곳이 어디인지를 알 수 있다. 발튀스가 그리는 행위를
통해 접근했던 곳은 바로 잃어버린 인생의 황금기인
동시에 상실의 극장인 유년기였다. 소녀들의 신체 이미지가
발산하는 특별한 아름다움의 매혹이 그를 이끌고
갔던 장소는 도덕적 규범과 선이 힘을 발휘할 수 없는
유년기의 영토, 영원한 상실의 영토였다. 그러한 방식으로,
아름다움과 상실을 결합함으로써 발튀스는 욕망에 관한
가장 진실한 환상을 창조해내고 있었다. 그것은 모든
현실적 환상을 횡단해 도달하게 된 세계의 가장자리, 허무
또는 공백의 연안에 가장 근접한 아름다움, 가장 공허한
동시에 가장 진실한 아름다움이었다.

성스러운 고양이 미추

발튀스의 작품에는 소녀만큼이나 자주 등장하는 주제가
있는데, 바로 고양이다. 그는 ‹고양이의 왕› ‹고양이가
있는 소녀› 등을 그렸다. 발튀스가 고양이를 주제로
작품을 완성한 것은 아주 이른 나이로, 그가 열한 살
때였다. 그러나 이것은 어린아이의 그림 숙제 수준을

넘어섰던 것 같다. 당시 이혼 상태였던 그의 어머니 발라딘 클로소프스키는 어느 유명 시인과 열애 중이었다. 발튀스의 재능을 알아보고 적극적으로 후원한 것 역시 어머니의 연인이던 이 시인이었는데, 그는 바로 독일의 위대한 문학가 라이너 마리아 릴케였다. 그의 응원과 격려 속에서 어린 발튀스는 삽화 형식의 고양이 이야기를 완성했다. 그림이 완성되자 릴케는 꼬마 천재의 첫 작품이 출판되는 데 힘을 쓴다. 그렇게 해서 세상의 빛을 보게 된 〈미추〉는 발튀스가 키우던 고양이 한 마리에 관한 서사를 담고 있다. 우연히 발튀스를 찾아와 그의 친구가 되어준 길고양이 미추는 어느 날 사라져 영원히 돌아오지 않는다. 실제 자신의 경험을 그대로 옮긴 이 그림 이야기는 열한 살 어린 소년의 작품이라고는 믿기지 않을 만큼 균형 있는 이야기 전개와 담담한 표현력으로 완성되었다. 이 작품은 릴케의 극찬을 받았다. 독일의 이 위대한 시인은 이후 발튀스가 예술가가 되기 위해 걸었던 젊은 날의 여정에서 아버지, 친구, 멘토의 역할을 모두 떠맡게 된다. 부모의 이혼 뒤 어머니와 보헤미안적 삶을 살았던 발튀스의 불안정한 유년기는 릴케를 비롯한 그의 예술가 친구들에 의해 보상받고 있는 듯 보였다.

그런 의미에서 발튀스가 열한 살의 나이에 그렸던 고양이 미추의 이미지는 그의 유년기를 상징하는

발튀스, 〈미추〉 중 일부, 1921년.

동시에, 그가 상실했던 낙원을 상징한다고 추정해볼 수 있을 것이다. 발튀스는 어린 나이에 이미 그가 상실한 낙원을 이미지로 형상화하는 데 성공했다고 말이다. 사라진 고양이 미추는 영원히 되찾을 수 없음에도, 부재의 형식으로 그의 삶을 사로잡는 욕망의 이미지였다. 프로이트라면 다음과 같이 설명했을지도 모른다. 고양이 미추의 이미지는 발튀스가 포기해야 했던 어머니에 대한 금지된 욕망의 승화적 대체물이라고. 불안했던 유년 시절, 발튀스가 단념해야 했던 어머니에 대한 소유욕은 고양이의 이미지를 통해 우회적으로 드러나고 있었던 것이라고. 어떤 의미에서 시인 릴케는 어머니를 빼앗아 갔지만, 발튀스에게 예술적 수단을 가르쳐줌으로써 유년기의 상실을 우회적으로 표현하고 보상받을 수 있는 길을 열어주고 있었던 것이라고 말이다.

　　이 같은 사실들로부터 우리는 어린 발튀스가 〈미추〉라는 작품을 통해 자신만의 종교를 만들어내고 있었던 것은 아닌지 상상해볼 수 있다. 고양이는 발튀스의 현실이 상실한 저 너머의 이상향을 표지하는 성스러운 이미지, 또는 신성한 대상이 되었기 때문이다. 만일 '성스러움'이라는 종교적 표현이 이승의 상식적 한계 바깥을 의미하는 것이라면, 현실적 고정관념이 도달할 수 없는 저 너머의 장소를 가리키는 것이라면, 고양이 미추는

발튀스에게 영원히 상실된 낙원을 상기시키는 이미지로서
'성스러움'을 표지한다. 그런 의미에서 발튀스는 열한
살의 나이에 이미 예술의 본질에 접근하고 있었던
것은 아닐까? 예술이란 작가를, 그리고 관객을 현실의
유한한 조건 너머로, 금지된 초월성의 장소로 데려가는
실천이기 때문이다. 예술이 종교의 기능과 공유하는
것은 바로 그와 같은 성스러움의 실현에 있다. 급진적인
종교가 현실 세계의 언어 바깥으로 주체를 데려가듯이,
그리하여 공백의 형상으로 출현하는 신과 조우하도록
만들듯이 예술은 우리에게 영원히 상실된 초월성의
장소를 잠시 개방하는 역할을 한다. 종교와 예술은 그런
방식으로 우리를 현실적 지식의 한계 너머로 데려간다.
성인이 된 발튀스는 자주 "그림 그리는 행위는 기도하는
실천과 같다"고 말했다고 한다. 그는 고양이의 이미지를
성화상처럼 다루며 상실된 욕망의 대상을 위해 기도하고
있었던 것은 아닐까?

　　　이후로 고양이 옆에는 어린 소녀들의 이미지가
자리 잡게 되지만, 그것이 가리키는 바가 발튀스에게
있어 영원히 되찾을 수 없게 된, 금지된 낙원이라는
사실에는 변함이 없다. 발튀스의 작품은 신중하게 조작된
미의 기능을 통해 금지된 대상의 이미지를 일시적으로
소환하고 있기 때문이다. 마치 대부분의 종교화들이

이승에 존재하지 않는 진리사건으로서의 기적의 흔적을
이미지로, 우상과 다르지 않은 것으로 드러냄으로써
현재의 비루함과 상실을 극복하려 했던 것처럼 말이다.
다만 발튀스의 작품이 종교화와 다른 점은 그가 중세
화가들보다 더욱 멀리 나갔다는 데 있다. 그의 작품은
미의 기능에 의지해 도덕 규범의 옳고 그름이라는 한계를
벗어나버린다. 프라 안젤리코가 이미지의 모호한 매혹을
통해 규범적 성서 해석의 한계를 넘어서려고 했던 것처럼,
발튀스는 소녀의 모호한 이미지를 통해 현실 규범적
성욕의 한계를 초월하는 단계를 묘사했다. 그곳에서는
그 어떤 정상성의 패러다임도 힘을 발휘할 수 없다. 그런
방식으로 발튀스는 자신만의 고유한 종교를 창안해냈던
것이고, 이를 통해 세상이 믿는 거대한 환영의 종교를
거부하고 있었던 것이다. 그는 지배적 우상의 힘을 개별적
우상의 아름다움에 대한 맹신으로 돌파하고 있었다.
발튀스의 작품이 악마적 매혹의 빛을 발하는 것은
이렇듯 아름다움과 타락이 결탁하는 순간을 묘사하는
그의 능력이 탁월하기 때문이다. 그의 전략은 '신성함'과
'신성모독'이라는 양면적 사건이 교차하는 이미지를
출현시키는 것이다. 그런 의미에서 발튀스의 다음 말은
의미심장하다.

"그렇게 나는 천사들에 관한 이야기를 하고,
어린 소녀들의 축복의 아름다움에 관해 말하고
있는데요. 여기서 잊지 말아야 하는 것은 가장
장엄하게 눈부신, 그리고 타락한 천사는 다름 아닌
루시퍼라는 사실입니다."[5]

발튀스의 발언은 다음 사실을 암시하고 있다. 그가
회화를 '기도하는 실천'으로 간주하고 있었다면, 그것은
화가를 루시퍼의 '신성함'을 추구하는 악마의 구도자로
여겼기 때문이라는 것이다. 여기서 신성함[sacré]이란 용어는
현실적인 것, 유한한 것과 구분되는 초월적이며 무한한
속성을 갖는다. 그런 의미에서 신성하다는 표현은 결국
현실적 선악 개념을 초월한 장소의 정동을 가리킨다.
그런데 기이하게도 선악이 초월된 장소에서 우리가
만나게 되는 것은 또 다른 악의 형상이다. 왜일까? 선과
악의 상식적 규정 너머에는 어째서 보다 거대한 악의
형상의 지배가 있는 것일까? 이에 대해 우선 제시할 수
있는 설명은 다음과 같다. 선과 악의 판단을 가능하게
해주는 현실 세계의 상식적 언어는 자신의 한계를 넘어선

5. Balthus, Alain Vircondelet ed.,
   Mémoires de Balthus(Monaco: Éditions
   du Rocher, 2016), p. 45.

초월적 대상을 묘사하기에는 역부족이다. 따라서 선악의 현실적 이해를 넘어선 장소에서 만나게 되는 대상은 인간 주체에게 극단적인 불안과 공포의 대상이 될 수밖에 없다. 인간의 언어 능력을 넘어서버린 사건은 현실 질서를 붕괴시킬 수도 있기 때문이다.

이 같은 붕괴에 대한 불안은 인간의 영혼이 단 한순간도 견뎌낼 수 없는 극도의 공포를 야기한다. 의미로서 이해되는 선악의 테두리 너머에 있는 경험이 또 다른 악으로, 보다 무시무시한 악으로 경험되는 이유가 여기에 있다. 이해될 수 있는 선의 상대항으로서, 이해될 수 있는 상식적 악의 개념보다 더욱 파괴적으로 인식되는 초월적 경험은 궁극의 악으로 간주될 것이며, 바로 이것이 발튀스의 작품이 추구했던 루시퍼의 '신성함'이라는 것이다. '절대적 신성함'이란 그렇게 '절대적 악'으로 현시된다. 발튀스는 바로 이것의 이미지에 접근하고 있었던 것인데, 현시점에서는 이에 대해 보다 자세한 설명을 이어나갈 필요가 있어 보인다. 선악을 초월한 대상의 신성함이 보여주는 악마적 성향은 욕망의 차원에서 진리의 장소가 언제나 파괴적인 루시퍼의 이미지를 갖게 되는 이유를 설명해줄 것이다. 나아가서 이러한 초과적 욕망과 악의 관련성이야말로 발튀스의 회화가 겨냥하는 지점을 밝혀줄 수 있을 것이며, 그가 미를 도구로 하여

선보다 멀리 나아간 장소에서 만나게 되는 악마적 매혹의
정체를 밝혀줄 수 있을 것이다.

신성과 신성모독은 같은 것이다

인간이 신성함을 욕망하는 것은 현실의 유한성을, 살아
있지만 산 것 같지 않은 현실적 삶의 비루함을 견딜 수
없기 때문이다. 라깡은 이러한 유한성을 우리의 삶이
경험하는 첫 번째 죽음이라고 부르며, 소외된 삶이라고
말한다. 그리고 이러한 사태가 신성함에 대한 열망을
탄생시켰다. 그것은 상식의 세계가 금지하는 저 너머의
존재를 희구하는, 현실을 지탱하는 법을 초월하는 절대적
무한에 대한 욕망이다. 그런 의미에서 신성함이란 현실에
대한 신성모독이다. 진정으로 신성한 것은 현실 질서를
맹신하는 자들에 대한 조롱으로부터 탄생하기 때문이다.

　　　보다 자세히 말하자면 절대적으로 신성한 것이란
우리가 상상해낼 수 있는 모든 종류의 '신성함'의 속성을
초과하며, 사유 가능한 신성성 그 너머에서 출현한다.
그러한 관점에서 진정한 신성함이란 현실에서 맹신되고
있는 신념들에 대한 모독의 절차로부터 탄생한다. 중세의
신학자들이 아나고지아, 즉 신비주의적 성서 해석을 통해
실천하고자 했던 것 역시 이와 같은 모순된 신성성에
대한 접근이었다. 신성함에 관해 이미 알려진 형상들과

대립하는 **비유사성**만이 진정한 신성함을 표현할 수
있다는 주장 역시 이에 근거한다. 왕관을 쓴 신의 형상이
아니라 구더기의 형상 속에서 신성함을 찾고자 했던 중세
신학자들은 신성과 신성모독의 동일성을 주장하고 있었던
것이다. 그리고 이것은 진정으로 신성한 체험은 오직 현실
질서와 타협하지 않는, 부정의 의지를 통해서만 도달되는
반^{反}문명적 경험이라는 사실을 알려준다. 현실을 지배하는
모든 고정관념의 신성한 권위에 대한 모독을 실천하지
않는다면 진정한 신성함에 도달할 수 없을 것이라는
역설적 인식. 그런 의미에서 문명이 절대적 악으로
설정하는 장소로의 진입만이 신성함에 접근하는 유일한
길이라는 악마적 인식.

　　20세기의 타락한 구도자 발튀스의 작품이
보여주었던 것은 신성성에 대한 그와 같은 인식의
차원이다. 그는 타락한 욕망의 이미지를 창조해내는
과정을 통해서만 진리에 도달할 수 있다고 믿었던
루시퍼의 수도사였다. 모든 진실한 욕망은 타락의 오명을
덮어쓸 수밖에 없다는 신념 속에서 그의 작품은 신성과
신성모독을 동일한 것으로 뒤섞고 있었다. 가장 진실한
욕망은 현실을 지배하는 고정관념의 통제로부터 가장 멀리
떨어진 곳에 존재하며, 인간 문명은 바로 이것을 억압하고
가두기 위해 창안된 다이달로스의 거대한 미로와 같은

것이기에. 진정한 신성성에 접근하기 위해 발튀스는 현실적
욕망의 건강함이라는 환상을 포기한다.

그토록 병적인 이미지의 생산을 통해서 그가
표현하고자 했던 것은 바로 신성모독의 아름다움이
보존되는 장소였다. 프라 안젤리코가 산마르코 수도원의
벽화들을 온통 모호한 이미지들로 장식했던 것처럼.
15세기의 수도사가 그렸던 벽화들 앞에서 우리는 신에
대한 욕망이 더 이상 성서의 일반적 해석에 따라 설명되지
않는다는 사실을 깨닫지 않았는가? 프라 안젤리코가
그림을 통해 원했던 것은 작품 앞에 선 동료 수도사들과
관람자들이 신에 대한 욕망에 관해 확신을 갖게 되는 것이
결코 아니었다. 그보다는 불안해하기를, 흔들리기를, 확신을
잃게 되기를 바랐다. 신에 관해 알려진 모든 고정관념의
한계 바깥으로 그들의 시선이 쫓겨나기를 원했다. 그리하여
마주하게 되는 신의 모호한 이미지를 통해, 신에 관한
모든 인간적 해석이 몰락하기를 원했고 진정으로 **신성한
신성모독**이 실현되기를 원했다. 그리하여 그림을 바라보는
관객들 각자의 마음속에서 신과의 아주 개별적인 만남이,
진리를 욕망하는 새로운 응시가 **발명되기를** 원했던
것이다. 이것은 우리가 '부활'이라는 개념에 관해 사유할
수 있는 가장 급진적 형태의 실천이었다. 그것은 저마다
바벨의 지식이 강제하는 권력에 대항하며 창안해내는,

신에 관한 전혀 새로운 욕망의 탄생을 의미하는 것이기 때문이다. 신을 욕망하기 위해 배웠던 모든 종류의 관습에 저항하는 것은 신에 대한 새로운 욕망의 길을 창안해내는 것과 다르지 않으며, 이것이야말로 예수가 부활을 통해 말하고자 했던 것이기 때문이다.

예수는 분명 말하지 않았는가? "나를 만지지 말라"고. 죽은 지 사흘 만에 부활하여 막달라 마리아 앞에 섰던 예수는 당신들의 고정관념으로 자신을 감각-인식하지 말라고 명령한다. 그것은 상식의 차원에서 자신의 죽음을 이해하려 하지 말라는 경고의 메시지였다. 달리 말해서, 그것은 예수를 욕망하기 위해서는 이제까지와는 다른 욕망의 언어를 발명해내야만 한다는 지상명령이었다. 당신들의 신에 대한, 당신들의 고정관념이 만들어낸 신성성에 대한 모독이 실천되지 않는다면 신을 진정으로 욕망할 수 없을 것이라는 경고였다. 프라 안젤리코는 바로 이 장면을 가장 **정확한 모호함**의 형식을 통해 그려내고 있었다. 그리고 발뛰스 역시 신성모독의 위대한 전통을 이어받고 있다. 그림을 통해 그는 말하고 있다. 우리가 우리 자신의 욕망에 관해 상상하는 건강함과 신성시하는 형상들의 모든 질서를 포기하지 않는다면, 즉 상식적 욕망에 관한 신성모독을 실천하지 않는다면 가장 진실한 동시에 가장 파괴적인 스스로의 욕망과 만날 수 없을 것이라고. 욕망에 관해 알려진 모든 정상성의 속견을 횡단하고 위반하지 않는다면 우리 자신의 고유한 욕망을 창안해낼 수 없을 것이라고. 그런 의미에서 그의 회화가 겨냥하고 있었던 것은 한마디로 **욕망에 관한 성상파괴 운동**이었다.

사드, 물신의 아름다움에 사로잡히는 기술

신성모독에 대한 이제까지의 설명을 통해서 우리는 발튀스의 도발적 소재 선택이 겨냥하는 것의 의미를 이해할 수 있게 된다. 그는 일상적인 차원에서 욕망의 대상을 가리고 있는 상식의 허울을 걷어내려 했다. 이를 위해 발튀스는 소녀의 외설적 이미지를 신성함의 차원, 숭고함이라 할 수 있는 위상으로 격상시키는 방식으로 역설적인 신성모독을 실천하고 있었다. 피에타의 자리를 벌거벗은 소녀의 신체로 대체하는 방식으로. 신성시되어서는 안 되는 대상의 숭배를 통해 신성함의 질서를 교란시키는 신성모독. 우상을 통해 우상을 파괴하는 성상파괴 운동. 그러한 방식으로 발튀스는 정상적 욕망이라는 사회적 우상을 위반하여 횡단하고, 마침내 자기 자신의 고유한 욕망의 장소로, 상실의 장소이기도 한 그곳에 도달하게 된다. 그가 평생에 걸쳐 실험했던 것이 바로 이와 같은 위반과 횡단의 반복이다.

상식적 욕망의 지배를 거부하여 횡단하고, 자신의
개별적 욕망과 마주하는 여정의 반복. 고정관념의 지배를
횡단하여 개인적 진실의 영역으로 회귀하는 무한한 반복
운동. 여기서 중요한 것은 어떻게 멈추지 않고 지속적이며
집요하게 위반할 것인가 하는 문제였다. 그러나 이것은
결코 쉬운 일이 아니다. 인간의 자아는 그와 같은 위반과
고립의 반복 운동을 견뎌내기에는 너무도 나약하기
때문이다. 쉽게 말해서 모두가 비난하는 위반의 이미지를
추구하며 평생 동안 그려내기란 쉽지 않았을 것이라는
말이다. 무언가에 취해 있지 않았다면, 어떤 특수한 환상에
온전히 사로잡혀 있지 않았다면, 그러한 위반의 반복을
실천하는 것은 불가능하다. 따라서 만일 발튀스에게
소녀의 이미지가 물신의 형식으로 숭배되지 않았다면,
그는 자신의 여정을 포기했을 수도 있다.

　　여기서 '물신'은 정신분석에서 성도착의 구조를
설명할 때 사용하는 개념이다. 성도착자는 특정한
욕망의 대상을 숭배하면서, 그것을 통해 일상의 질서를
일시에 정지시킴으로써 쾌락의 지고한 상태에 도달하게
된다. 1장에서 예로 들었던 빨간 구두 성애자를 다시
떠올려보자. 성도착의 구조에 사로잡힌 이 남성은 빨간
구두에 몰입하는 순간만큼은 그를 지배하고 있었던
일상적 질서가 정지되는 것을 느낀다. 일상적 고정관념의

권위가 몰락하면서 남자는 그가 상실했다고 느꼈던
절대적 쾌락에 대한 접근이 다시 가능해진다. 그 순간 빨간
구두 성애자는 자신이 상실했던 유아기의 충만한 상태로
일시적인 회귀를 경험하게 되는 것이다. 그런 의미에서
물신이란 유아기의 주체가 포기해야 했던 충만한 세계로
돌아가는 일종의 '마법의 문'이라고 할 수 있다.

성도착의 욕망 구조는 물신에 의존함으로써
현실을 지배하는 규범적 질서로부터 도피하는 꼼수를
부릴 수 있게 해준다.[6] 발튀스의 소녀 이미지에 관해서도
같은 이야기를 할 수 있을 것이다. 발튀스는 어린 소녀의
이미지를 물신적 위치로 승격시키면서 현실 질서의

---

6. 성도착에 대한 보다 직접적인 설명은
다음과 같다. 인간 주체는 유아기에
향유하던 무제한적 쾌락을 포기해야만
사회성을 획득한다. 이러한 포기를
강제하는 것이 바로 가족 내에서 통용되는
상징적 법과 규범이다. 정신분석은
이러한 법과 규범의 강제를 '거세'라고
부른다. 아이는 자신에게 강제되는
이 같은 거세를 받아들임으로써
어머니와의 완전했던 관계를 포기하고
가족 구성원으로서 법에 지배되는 삶을
살아가게 된다. 이와 같은 과정에서
유아는 어머니가 절대적 권력을 갖지
못한 불완전한 존재라는 사실을
인식하게 된다. 특히 어머니에게 남근이
존재하지 않는다는 사실을 통해
어머니의 불완전성을 확인한다. 따라서
유아기의 충만한 세계에 대한 포기는
어머니의 남근 부재라는 이미지를 통해
각인된다. 그런데 성도착의 구조로
들어가는 어떤 주체들은 이 같은
어머니의 거세를 부인한다. 이들은
특히 어머니의 신체 주변에서 발견되는
사물들, 예를 들어 속옷이나 머리카락,
의복이나 구두 등을 어머니의 남근과
동일시하면서 그와 같은 거세 현실을
외면하는 전략을 취한다. 이후 성도착의
주체는 자신이 선택한 물신을 통해
어머니의 완전함이라는 유아적 환상으로
일시 회귀하게 되는데, 이것이 바로
성도착자의 쾌락을 구성하게 된다.

권위를 망각할 수 있는 상황을 만들어내고 있기 때문이다. 고양이 미추가 그랬던 것처럼, 소녀의 이미지는 그가 상실한 유년기의 충만함을 현실로 불러들이는 막강한 권력의 물신이다. 이것이 막강한 이유는, 이것이 화가의 일상을 지배하는 상식과 규범의 질서를 정지시키는 힘을 갖기 때문이다. 많은 성도착자들의 사유가 그러하듯이, 발튀스에게도 물신으로서의 소녀 이미지는 그가 속한 세계의 신과 그로부터 비롯된 환상을 몰락시키는 신성모독의 힘을 발휘하고 있었던 것이다. 그리하여 소녀의 이미지는 발튀스를 세계-규범의 권위에 대항하도록 만드는 동시에 그러한 저항을 지속할 수 있게 하는 신성한 힘을 발휘한다. 프랑스 혁명기의 악명 높은 성도착자 사드 후작의 성도착에 대한 환상이 그러했듯이 말이다.

그러나 여기서 한 가지 짚고 넘어가야 하는 사실이 있다. 지금까지 이야기한 성도착의 구조가 무엇을 목표로 하는 것인지에 대한 규정이 그것이다. 만일 성도착의 물신이 현실 질서를 정지시키는 기능을 갖는 것이라면, 그러한 정지는 목표인가 아니면 도구일 뿐인가에 대한 질문을 던질 수 있다. 간단히 말해서 성도착자가 물신을 숭배하는 것이 그를 둘러싼 현실적 환영의 질서를 몰락시키기 위해서인가, 아니면 그러한 몰락을 통해 지고의 쾌락이라는 환상에 도달하기 위해서인가를 묻는 것이다.

기욤 아폴리네르가 편집한『사드 후작 저작집』
(1912)에 수록된 ‹사드 후작 상상화›.

물론 이 두 단계는 서로 분리될 수 없다. 현실 질서가 몰락하지 않는다면 그 너머의 쾌락에 도달할 수 없고, 지고의 쾌락에 도달했다면 그곳에의 접근을 가로막는 현실적 장벽들이 붕괴되었을 것이기 때문이다. 이렇게 분리할 수 없는 구조 속에서도 우리는 성도착자들에게 선입견을 갖는다. 우리는 그들을 지고의 쾌락주의자로만 간주하며, 그들이 현실 질서를 붕괴시키려는 것이 수단에 불과할 뿐 목표가 아니라는 견해를 공유한다. 그러나 라깡이 『세미나 7』에서 분석하는 사드의 삶에서는 그와 반대되는 모습을 관찰할 수 있다. 사드는 우리 모두가 알고 있는 것처럼 도착적 성욕의 만족을 위해 한평생을 살았던 범죄자이며 파괴자이고, 신성모독의 문학으로 18세기 초의 유럽을 뒤흔들었던 배덕자다. 그러나 사드의 삶을 조금만 더 가까이서 들여다보면 단순하게 판단할 수 없는 모순의 지점들이 있음을 알 수 있다.

사드는 일생의 절반을 감옥에서 보냈다. 처음에는 그 자신이 실제로 벌였던 부도덕한 일들로 인해, 그러니까 온갖 위법한 성도착 행위로 인해 고발당하고 실형을 선고받았던 사드가 있다. 그러나 이후 사드의 수감 생활 대부분은 그의 외설문학 때문에 벌어진 일이었다. 그가 실질적으로 위반했던 성행위의 배덕 때문이 아니라, 문학을 통해 표현했던 성도착의 광기 어린 이미지들 때문이었다. 당시 프랑스를 지배하던 혁명 정부는 사드의 이 같은 문학적 위반을 아주 위험한 도발로 간주했다. 이처럼 기묘했던 사드의 인생을 관찰하면서 우리가 할 수 있는 질문은 아주 상식적인 것이다. 그는 무엇 때문에 배덕의 문학을 창작했는가? 성도착자였던 사드가 엽기적 성행위에 집착했던 것은 충분히 이해 가능한 일이다. 그로 인해 비난받고 수감 생활을 하게 된 것 역시 이해할 수 있다. 여기까지의 삶은 우리가 알고 있는 대부분의 '범죄형' 성도착자들의 숙명과 다를 바 없다. 그러나 그의 문학은 다르다. 심지어 그것의 출판을 위해 감행했던 그의 도발은 더욱 이해할 수 없다. 무엇 때문에 사드는 그와 같은 위험을 감수했는가? 실질적 성욕의 만족을 가져다주지 못하는 외설문학의 출간이 의미하는 것은 무엇인가?

　　우리의 상식으로 이해할 수 있는 것은 다음의 사실뿐이다. 외설문학을 통해 사드가 얻은 것은 수십 년의 수감 생활과 (욕망을 위한 위반이 아닌) 위반을 위한 욕망의 만족일 뿐이라고. 다시 말해서 사드에게는, 최소한 문필가 사드에게는 지고의 쾌락의 실현이 아니라 현실적 규범의 위반이라는 절차가 더욱 중요한 것처럼 보인다는 것이다. 사드의 성도착은 문학이라는 수단을 통해 현실 규범적 세계의 환상을 위반하여 정지시키는 것에 몰두하는 듯 보인다는 것이다. 이것을 우리는

'장치화된 위반'[7]으로서의 문학이라고 부를 수 있다. 온갖 종류의 엽기적인 성도착 환상들을 창조해내는 글쓰기의 실천 속에는 우리가 소위 '대리만족'이라 부를 수 있는 잉여적 쾌락이 존재하는 것이 사실이지만, 이것은 결코 성도착자의 삶을 사로잡는 지고의 쾌락은 아니다. 문필가 사드를 사로잡고 있었던 것은 지고의 쾌락이 아니라, 그것의 조건으로 간주되던 위반의 쾌락이었다. 사드는 세계의 기만적 환상을 멈추기 위해 자신의 도착적 환상을 도구로 사용하고 있었으며, 여기서 중요한 것은 환상으로 환상을 위반하는 것, 그리하여 세계의 꿈을 정지시키는 절차다. 세계라는 백일몽이 기만적으로 느껴진다고 해서 꿈에서 깨어나면 될 뿐이라고 생각할 수는 없다. 깨어남이란 또 다른 꿈으로의 이행일 뿐이니까. 꿈에서 깨어나는 것은 또 다른 꿈에 잠겨드는 결과로 이어질 뿐이다. 그런 이유로, 사드는 세계라는 꿈에서 깨어나는 대신 또 다른 환상을 만들어냈던 것이다. 그는 자신의 문학이 만들어낸 악몽과도 같은 도착의 꿈을 통해서 세계의 백일몽에 저항하는 전략을 취한다.

누군가는 이렇게 말할지도 모른다. 사드가 과연 그토록 위대한 이상을 위해 그토록 조잡한 성도착의 환상을 글로 남겨 출간했던 것이겠냐고. 누가 알겠는가? 사드에게 세계-환상을 위반하고자 하는 거대한 야망이 있었던 것인지.[8] 실제로 사드는 위반에 대한 거창한 철학을 자신의 문학작품 속에 남기고 있으며, 우리는 이에 주목하지 않을 수 없다. 그는 말한다. "프랑스인이여, 공화주의자가 되기 위해 조금만 더 노력하자!"라고.[9] 그는 "구시대의 도덕과 윤리가 뿌리도, 토대도 없는 환상이었음이 밝혀지지 않았는가"라고 묻고 있다. 그리하여 사드는 『규방철학』이라는 텍스트에서 세계의 환상을 일소하고 새로운 세계, 당시의 프랑스인들이 고대하던 보다 정의로운 세계를 도래하게 만들기 위해서는 배덕을 조금 더 실천해야 한다는, 최소한 논리적으로는 타당한 주장을 펼친다. 당시 프랑스 귀족 사회의 기만적 환상을 몰락시키기 위해서는 배덕과 위반을 통한 파괴라는 무정부주의적 실천이 요청된다는 것이다. 그리하여 세계의 환상이 완전히 몰락에 이르게 되었을 때에만, 남김없이 썩어버리고 재로 변한 문명의 폐허 위에서만 새로운 세계의 실현이 가능할 것이라고 그는 주장하고 있다. 사드는 그렇게 세계-환상의 몰락을 위해 자신의 도착적 환상을 사용하고 있었다.

7. 이것은 자크 알랭 밀레가 라깡의 정신분석 임상을 규정하는 용어이다.
8. 사드는 칸트의 『실천이성비판』을 모델로 해서 자신의 『규방철학』을 작성했다.

9. Jacques Lacan, Jacques-Alain Miller ed., *Le Séminaire livre VII: L'éthique de la psychanalyse*, p. 96.

    그리고 바로 이것이 『세미나 7』에서 라깡이 그토록
칭찬해 마지않았던 사드 실험문학의 가치이다. 사드의
실험문학에는 새로움의 창조를 위해서 위반의 실천이
필수적이라는 라깡 정신분석의 윤리가 표현되고 있다.
여기서 우리가 발견하는 것은 성도착의 환상이 현실
질서의 기만적 환상을 정지시키는 힘을 발휘하는 한
그것이 진리를 위한 절차로서의 기능을 수행한다는
관점이며, 하나의 환상을 파괴하기 위해 또 다른 환상에
의존한다는 전략이다. 발튀스 역시 동일한 전략을 취한다.
세계의 꿈에 사로잡히지 않기 위해 자신만의 백일몽을
고집했던 사드가 자신의 도착적 환상에 의존해서 세계-
환상의 토대를 남김없이 몰락시키기를 원했던 것처럼,
발튀스 역시 자신의 은밀한 욕망의 환상을 이미지로
구축하면서 20세기에 여전히 남아 있는 욕망의 도덕에
관한 환상을 일소하려 했다. 그럼에도 혹자는 다시
이렇게 반론을 제기할지도 모른다. 사드가 하나의
환상으로 다른 하나의 환상에 대항한 것은 맞지만, 결국
그 다른 하나의 환상에 매몰되어 자신의 삶을 낭비한
것은 아니냐고. 따라서 하나의 환상을 단지 다른 하나의
환상으로 대체한 것에 불과한 것은 아니냐고 말이다.
이 같은 반론을 고려해본다면, 하나의 환상을 극복하기
위해 또 다른 환상에 의존하는 사드적 전략이 결국 또

다른 소외에 불과한 것은 아닐까 하는 질문이 가능하다. 스스로가 창조한 것일지라도 그와 같은 도착적 환상에 매몰된 주체의 삶을 통해 소외의 극복을 이야기하는 것은 모순처럼 보이기 때문이다.

반론에 대한 대답을 찾기 위해 필자는 '궁정풍 사랑'이라는 또 다른 환상의 구조를 제시해보려고 한다. 발튀스의 작품과 삶을 이해하는 마지막 단계가 되어줄 '궁정풍 사랑'의 구조에 대한 연구는 사드가 실패한 지점에서 발튀스가 어떻게 성공하고 있었는지를 논증해줄 것이기 때문이다. 미리 이야기하자면 '궁정풍 사랑'의 문학에 등장하는 욕망의 주체들이 그러했듯이, 발튀스는 욕망의 대상을 철저하게 탈성화·탈인격화·탈속성화시키는 과정 속에서 자신의 욕망을 순수한 것으로 보존하는 데 성공한 것처럼 보인다. 여기서 순수한 욕망이란 대상이 사라진 욕망을 말한다. 단지 강렬도만 남게 된 욕망, 초과하는 강도로 인해서 현실적인 테두리를 언제나 넘어서는 욕망, 그럼에도 대상을 갖지 않기에 멈추지 않는 욕망이 그것이다.

궁정풍 사랑, 공백의 아름다움에 사로잡히는 기술

11세기에서 13세기 사이, 서구 유럽에서 유행하던 문학 양식 중 하나를 '궁정풍 사랑L'amour courtois'이라고 부른다.[10]

169

서사시의 형식으로 노래되는 이야기 속에는 고귀한 신분의 여성과 그녀를 위해 어떤 위험도 무릅쓰기를 마다하지 않는 기사가 등장한다. 여기서 우리의 주목을 끄는 것은 서사의 이면에 자리 잡은 특수한 욕망의 구조다. 이에 대한 자세한 분석을 위해 필자는 라깡이 1960년 2월 10일에「왜상으로서의 궁정풍 사랑」이라는 제목으로 진행했던 세미나를 참조하기를 제안한다. 이에 따르면 일반적으로 음유시에 등장하는 사랑의 대상인 여자 주인공 '숙녀Dame'는 결코 실질적이며 구체적인 덕성을 통해 묘사되지 않는다. 여성적 대상, 즉 욕망의 대상은 '접근 불가의 원칙'으로 제시될 뿐이다. 이것은 욕망의 대상 자체를 '일종의 장벽으로 둘러싸고 고립시키는 방식'으로 진행된다. 고립된 여성은 의미나 해석의 여지를 허용하지 않는 모호한 대상으로 숭배되기 시작한다. 심지어 그녀는 여성 관사가 아닌 남성 관사로 지칭되는 등, 성별조차 모호하게 묘사되기 십상이다.[11]

궁정풍 사랑에 등장하는 모든 여성은 이러한 방식으로 현실적 속성에서 물러나 특수한 공간에 자신들의 존재를 유폐시킨다. 라깡은 이러한 유폐의 장소를 '기포氣泡, vacuole'라고 부른다. 욕망의 대상이 모든 인간적 속성을 상실하면서 일종의 의미-진공 상태, 기포의 상태로 변화하기 때문이다. 라깡은 바로 이것을 '성애적

대상으로서 여성의 비인간화'라고 부른다. 궁정풍 사랑의
시가는 여성을 개성이 지워진 '비인간적 파트너', 즉 인간적
특성을 상실한 욕망의 대상으로 변모시킴으로써 욕망의
특수한 지속성을 실현한다. 주체가 욕망하는 대상의 속성
자체가 지워지고 모호해짐으로써 욕망은 중력이 존재하지
않는 우주 공간에 던져진 화살처럼 끝없이 앞으로 나아갈
뿐이다. 이에 대해 라깡은 중세의 시인 단테의 사례를
언급하면서 그가 아홉 살 소녀 베아트리체를 연모했던
것 역시 당시의 사랑 행위에 내재된 이 같은 형이상학적
특수성 때문이라고 설명한다. 이처럼 궁정풍 사랑에서
숭배되는 여성은 일상적 욕망의 대상으로서의 현실적
속성으로부터 물러나고, 그럼으로써 비현실적 대상으로
변모해가는 것이다.

　　한편 여성-대상으로부터 현실적 좌표가 소멸된다는
것은 그녀들의 존재를 세계-환상의 지배로부터 물러나도록

---

10. '궁정풍 사랑'의 시가 형식은 게르만
　　지역에서는 Minnesänger라 불렸고,
　　프랑스 중부에서는 troubadours,
　　북부에서는 trouvères라 불렸던
　　시인들에 의해 만들어진 음유시
　　형식이다. 이것은 특수한 코드화를
　　통해 작동하는 예술이었고, 이를 통해
　　하나의 문화를 형성했다. '궁정풍 사랑'의
　　음유시 문화에 대한 주요 연구자로는
　　앙드레 르 샤플랭André le Chapelain 등이 있다.

11. 이 시가 양식 속에서 여성을 표기하는
　　Domnei는 부인lady을 의미하는 불어
　　Dame의 중세적 표현인데, 이 단어는
　　때로 남성명사로 쓰인다. 여성적 대상을
　　지시하는 Domnei는 기이하게도 남성
　　관사를 사용하여 Mi Dom으로, 즉
　　'나의 주인님'으로 표기되고 있다.
　　그러한 방식으로 욕망 대상의 성별이
　　중성화되고 있다.

강제하는 것이기도 했다. 만일 세계의 환상이 당시의 사회적 고정관념과 짝을 이루면서 남성과 여성의 사랑 행위를 규범화하는 패러다임 역할을 하고 있었다면, 여성-대상의 현실성 박탈은 규범적 패러다임을 정지시킨다는 의미를 갖는다. 당시 여성의 실질적인 지위란 음유시가 말하듯 숭배의 대상이 아니라 남성들이 소유하는 대상이었다는 사실을 상기해보자. 이를 고려했을 때 여성적 대상을 극단적 숭배의 절차 속에서 비인간화하는 행위는 곧 중세의 지배적 세계-환상을 거부하는 동시에, 그 내부에 순수한 균열을 출현시키는 절차라고도 할 수 있다. 기포vacuole라는 표현은 그러한 맥락에서 이해되어야 한다.

욕망의 대상에서 현실-고정관념의 권력이 규정한 특성들을 지워버리는 행위는 대상 자체를 공백과 같은 것으로 변화시킨다. 바로 이 공백이 현실 세계의 표면에 벌어진 작은 구멍 또는 균열과 같은 기능을 하게 된다는 것이다. 그런 의미에서 궁정풍 사랑의 실천은 현실 세계의 관점에서는 일종의 위반이다. 욕망의 대상을 극도로 순수한 것으로 보존하는 과정은 주체가 속한 세계의 다른 모든 현실적 좌표들을 위협하기 때문이다. 성도착이 타락한 대상의 속성에 사로잡히고 그것과 하나가 됨으로써 세계의 규범을 위반하는 양상을 보였다면, 궁정풍 사랑은 욕망의 대상이 결코 타락할 수 없는 상태,

즉 무의 상태에 도달하도록 만들면서 오히려 세계의
규범을 위반하여 타락으로 이끈다. 기포화된 욕망의
대상이란 궁정풍 사랑의 주체 스스로의 관점에서는
공백이지만, 그것을 둘러싼 세계의 관점에서는 치명적인
균열일 것이기 때문이다.

　　　이에 대한 보다 쉬운 설명을 위해서 우리는 라깡에
의해 해석된 칸트의 단두대 일화를 도입해볼 수도 있다.
사드적 성도착과 궁정풍 사랑의 욕망이 어떻게 현실
세계의 법질서를 위반하도록 하는지를 설명하기 위해
라깡은 역시 『세미나 7』에서 칸트의 일화를 다음과 같이
분석한다. 한 남성이 있고 그가 성적으로 욕망하는 여성이
잠들어 있는 규방이 있다고 가정하자. 만일 이 남성이
규방에 들어가 성욕의 만족을 추구한다면, 그는 규방의
출구에 설치된 단두대에 목이 잘릴 것을 알고 있다. 이에
대해 칸트는 욕망의 실현을 위해 단두대의 위협을 무릅쓸
위반의 주체는 존재하지 않는다고 주장한다. 그러나
라깡의 생각은 다르다. 법이 금지하는 욕망을 실현하기
위해 죽음을 무릅쓰고 규방으로 침입하는 두 가지 유형의
주체가 언제나 있을 수 있기 때문이다. 첫 번째는 사드적
주체, 즉 범죄 성향의 성도착자들이다. 물신에 사로잡힌
채 법을 위반하는 범죄자로서의 사드적 주체는 어디에나
있다. 그러나 이처럼 물신의 이미지에 온전히 포획당한

것으로 은폐되어 있을 뿐이기에, 그는 결코 그녀의
마음을 온전히 획득하지 못하고 다시금 욕망의 모험을
떠나야 한다.

　　우리는 이와 같은 논점에 근거해 궁정풍 사랑의
욕망 구조가 현실적 법의 몰락을 초래하는 동시에 대상에
대한 개인적 숭배 또한 몰락시키는 이중의 위협적인
효과를 발휘한다는 주장을 펼칠 수 있다. 그런 차원에서
사드적 성도착의 구조와 궁정풍 사랑의 구조가 가진
변별점이 분명해진다. 성도착의 주체는 세계의 환상에
저항하기 위해 스스로의 환상에 온전히 사로잡힌다. 반면
궁정풍 사랑의 주체가 세계의 환상에 저항하기 위해
선택한 물신적 대상은 텅 빈 공백에 가까운 것이므로, 그는
그것에 온전히 사로잡힐 수 없다. 공백과 마주한 욕망의
주체는 그런 방식으로 물신의 환상으로부터 빠져나가는,
이중의 무한한 흔들림 속에 있게 된다. 현실 질서의
관점에서 볼 때에 그것은 끝없는 방황의 반복이지만,
주체의 관점에서 그것은 지치지 않는 순수한 욕망의

12. 그와 같은 관점으로 보면 예수와
　　제자들의 관계 역시 궁정풍 사랑의
　　구조 속에 있다고 말할 수 있다. 예수는
　　자신을 묘사하는 그 어떤 세속적인
　　논평으로부터도 자유롭고자 했으며,
　　이러한 태도가 그의 사후에도 사도들의
욕망이 지속되는 데 결정적인 역할을
했다. 다시 강조하건대 예수는 "나를
만지지 말라"는 명령을 통해 자신의
죽음을 공백으로, 기포로 유지할 것을
명령하고 있었기 때문이다.

보존이기도 하다. 따라서 궁정풍 사랑은 욕망의 대상을
무無의 수준으로, 존재하지 않는 텅 빈 공허의 수준으로
승화시킴으로써 주체의 욕망이 언제나 지금 여기가 아닌
저 너머를 향하도록 유지하는 기술이다. 그것은 현실적인
그 어떤 환상에도 곁을 주지 않는 완고한 욕망의 기술인
것이다. 현실을 지배하는 환상의 한가운데에 구멍을
내는 방식으로 세계의 구조 자체를 위협하는 환상,
모든 환상이 환상인 것을 알도록 만드는 텅 빈 환상, 즉
역설의 환상이다. 이러한 환상에 사로잡힌 욕망의 주체는
끊임없이 스스로에게 묻게 될 것이다. 지금 내가 욕망하는
것은 무엇인가? 그것은 당신이 아니며, 나의 그림자도
아니다. 내가 욕망하는 것은 텅 빈 것으로, 단지 욕망의
지속일 뿐이다.

　　　같은 이야기를 발튀스의 작품에 대해서도 할 수
있다. 살펴본 대로 화가로서의 경력 초기에 발튀스는
사드적 주제로, 그러니까 성도착의 환상을 중심으로
작업하고 있었다. 그러나 이후 그의 여정은 소녀의 형상이
가진 개별적 특성들에 대한 지움의 과정, 일종의 탈색
과정이라 할 수 있는 것을 통해 궁정풍 사랑의 숭배를
실현하고 있다. 작품 속 소녀의 이미지는 배경과 섞이고,
개성이 흐려지며, 중성적으로 변해갔다. 이미 모호했던
그림 속의 서사는 더욱 알 수 없는 의미의 진공 상태로

깊숙이 진입한다. 그의 마지막 작품 중 하나인 ‹만돌린을
든 소녀›는 발튀스의 모호함이 그의 말년에 이르러 어떻게
심화되고 있는지 보여준다.

　　이제 우리는 소녀의 얼굴을 볼 수 없다. 오른손에
들린 기타는 이 그림이 ‹기타 레슨›으로 시작되었던 여정의
마침표와 같은 작품이라는 사실을 암시한다. 소녀는
여전히 나체이며 두 다리를 벌리고 있지만, 그로부터
성애적 디테일을 발견할 수는 없다. 왼쪽 아래의 고양이,
그리고 오른쪽 상단의 개 이미지는 여전히 상실과 욕망의
드라마를 암시하지만, 이것은 아득하게 멀어진 흔적일
뿐이다. 발튀스는 이 같은 경향의 작품들을 이미 1960년대
말부터 작업해오고 있었다. 그의 등장과 함께 모두에게
충격을 주었던 노골적인 신성모독의 피에타는 재빨리
모호함의 이미지로 변모해가고 있었던 것이다. 중세
궁정풍 사랑의 음유시인들이 그러했듯이, 발튀스는 자신이
욕망하는 대상의 속성을 흐리는 방식으로 파라시오스의
베일을 두르며 그것에 사로잡히기를 거부한다. 그런
의미에서 우리는 다음과 같은 명제를 설정해볼 수 있다.
그는 소녀의 이미지를 욕망한 것이 아니라 그것이 남긴
흔적을, 빈자리를 욕망했을 뿐이라고. 그러한 방식으로
발튀스는 자신의 소아성애적 환상으로부터 벗어나고
있다고. 이것은 일종의 승화 절차라고 볼 수 있지만,

발튀스, 〈만돌린을 든 소녀〉, 2000~01년경.

승화만이 진정한 승화의 절차라고 설명한다. 그가 중세의
궁정풍 사랑을 통해 논증해내려 했던 것 역시 공백을
통한 승화가 보여주는 특수한 욕망의 기술이었다. 그리고
바로 이것이 우리 책의 주인공인 발튀스에게서 고스란히
반복되고 있다. 작품을 통해 발튀스가 도달하는 장소는
욕망의 텅 빈 공동이었기 때문이다. 텅 빈 욕망이 아닌
텅 빈 것에 대한 욕망, 무에 대한 욕망, 공백에 대한 욕망,
중세의 화가들이 제작했던 아케이로포이에토스[14]처럼
소멸하는 신의 이미지에 사로잡히는 욕망이 그것이다.
"나는 나다"라고 말하는 동어반복의 신, 의미를
거부하는 신을 욕망하도록 조율된 중세의 욕망 윤리.
아나고지아라는 해석의 기술을 통해 의미의 세속성을
거부하고 스스로 새로운 의미를 창안해낼 것을 요구하는,
그러니까 단지 새로운 해석의 실현이 아니라 그러한
행위의 반복 자체가 중요하다고 말하는 중세 신학의
급진성. 이것은 현실 세계의 환상을 거부하도록 만드는
동시에 스스로가 창조해낸 또 다른 환상에 매몰되지
않도록 하며, 그럼에도 불구하고 욕망이 유지되도록 하는
욕망의 구조다. 세계의 환상을 거부하면서도 우울증으로의
추락을 피해갈 수 있도록 허용하는, 그와 동시에 또 다른

---

14. 1장을 참조할 것.

도착적 환상의 지배 또한 거부하는 유일한 욕망의 구조다. 소녀의 이미지라는 개별적 욕망의 환상으로부터 출발한 발뤼스가 도달한 곳은 중세의 궁정풍 사랑이라는 문학 형식이 의존하고 있었던 욕망의 구조다. 이것은 또한 수도사-화가들이 자신을 공백으로 제시하는 신의 진리에 접근하기 위해 고안해냈던 욕망의 장치를 통해 도달한 장소이기도 했다. 그곳은 아무것도 욕망할 수 없게 된 화가들이 바로 그 '아무것nothing'을 욕망하고, 심지어 텅 빈 그것의 형상을 그리기 시작했던 파라시오스의 장소다.

그런 의미에서 발뤼스는 소녀의 이미지가 소멸하는 흔적을 그려냄으로써 공백을 드러내는 전략을 사용하고 있다. 공백을 드러내는 것은 한 줌의 먼지를 허공에 던지는 것으로 충분하다. 그리하여 재현된 공백은 화가의 욕망이 도달할 수 있는 가장 숭고한 장소가 된다. 바로 이 공백의 가장자리에서, 세계-환상의 끝자락이기도 한 이곳에서야말로 이제까지와는 다른 세계관이 창안될 수 있기 때문이다. 다른 방식으로 세상을 본다는, 그토록 흔한 명제의 실현을 위해서 우리에게 요구되는 것은 이토록 정교한 욕망의 고군분투다.

결론:
반복은 반복으로 극복된다

이제까지 필자가 추적해온 중세의 진실한 수도사들, 반역의 화가들, 배덕의 사드, 그리고 궁정풍 사랑의 문학적 주체들, 그리하여 고독한 발튀스에 이르는 이들의 삶과 작업은 우리로 하여금 하나의 이미지를 떠올리게 한다. 그것은 동일한 장소에서 반복되는 '제자리걸음'이다. 화가는 매일 아침 작업실로 나섰고 거의 똑같은 주제를 그렸다. 발튀스는 93년을 살았고 우리에게 알려진 최초의 작품은 열한 살에 제작된 것이니, 최소 82년의 시간 동안 그는 같은 일을 반복했던 것이다. 같은 작업실. 같은 주제. 같은 욕망. 그는 회화를 기도하는 행위에 비유하기 좋아했으니, 우리는 그가 언제나 같은 기도문을 반복해 중얼거렸던 미친 수도사였다고 상상해볼 수도 있다. 일견 지겨운 삶이다. 동일한 환상에 사로잡힌 이 노쇠한 화가의 고집이 단조로워 보일 수도 있다. 심지어 그는 전시회도 기획하지 않았고, 예술계와 교류하지도 않았다. 세상과 담을 쌓고 살았던 그는 잊히기를 원했던 것일까?

은둔의 삶을 고집했던 이 화가는 고독한 어둠 속에서 저 혼자 반복해서 움직이는 자동인형의 섬뜩한 이미지를 떠올리게 한다. 매일 아침 일어나 작업실로 들어서는 자동장치 꼭두각시 인형. 그는 언제나 같은 조합의 물감을 팔레트에 짜고, 색을 뒤섞고, 어제 마지막으로 그려 넣었던 형상에, 어제의 흔적인 동시에 수많은 시간들의 무의미한 흔적이기도 했던 그것에 공허한 시선을 던진다. 그는 작품 하나를 완성하기 위해 아주 오랜 시간 공들였다고 했다. 그려진 형상을 응시했던 시간이 그리는 시간보다 몇 십 배, 몇 백 배나 길었을 화가의 단조로운 일상이 그곳에 있다. 작품 앞에 단지 머물러 있을 뿐인, 텅 빈 시간이 반복되고 있었다. 작업실을 비추는 오후의 햇살이 각을 달리하며 조금씩, 거의 알아챌 수 없을 정도로 천천히 변화해가는 모습을 간파하기 위해 허공을 노려보고 있었을, 그토록 무의미한 응시가 그곳에 있다. 시간은 결코 흐르지 않는다는 확신이 무료함의 형태로 그곳에 있다. 아무것도 바라보지 않은 채 무언가를 응시하려 했던 화가의 눈은 자신을 바라보는 우리의 시선에 이렇게 질문을 던지고 있는 듯하다. 당신들의 일상은 변화무쌍하여 흥미로운 여행과 같은 것이었냐고. 세상 사람들의 삶이란 인생의 비밀을 탐사하기 위한 미지로의 여행과 같은 것이었냐고 말이다. 제자리에 못 박혀 똑같은 일을 반복했던 것은 과연 발튀스, 나 자신이었느냐고. 어쩌면 그대들의 삶이야말로 반복인 것은 아니냐고. 그의 삶과 작품은 우리에게 그렇게 질문하고 있는 듯하다.

그리고 필자와 함께 이 책의 흐름을 따라왔던 독자들은 대답을 망설이게 된다. 우리는 확신할 수 없기

때문이다. 과연 우리의 삶이란, 그것을 지탱하는 욕망의
흐름이란 진리를 찾아 나서는 여정과 같은 것이었는지에
대해서. 노*화가의 멈춘 듯 보이는 시간은 무의미한
반복인 것인지에 대해서. 그 반대는 아니었을까 하는
질문이 고개를 치켜드는 것을 막을 수 없다. 우리의 욕망이
세계의 환상을 지배하는 고정관념의 반복에 불과했다는
느낌을 털어버릴 수 없기 때문이다. 소외된 욕망에 떠밀려
흐르는 시간은 과연 진정으로 전진하는 시간, 전개되는
시간일 수 있는가? 그것은 오히려 타자¹의 욕망을 내
삶에서 반복한다는 의미에서 더욱 소외된 반복, 우리의
삶을 한계 속에 가두어버리는 반복이 아니었을까? 타자에
의해 이미 결정된 욕망의 협소한 회로를 소용돌이치듯
맴돌고 있는 삶의 운동을 여정이라고 말할 수는 없기
때문이다. 모두가 욕망하는 것을 욕망하면서, 모두가
원하는 삶의 단계들을 의심하지 않고 질문조차 던지지
않은 채로 거쳐가는 우리의 삶은 엄밀한 의미에서 시간의

---

1. 여기서 말하는 '타자'는 라깡의 용어다.
'타자'를 상식의 차원에서 설명하면
'고정관념의 권력'이라고 할 수 있다. 한
세계를 지배하는 패러다임적 담론이 곧
타자이며, 우리의 욕망은 바로 이것에
지배된다. 라깡은 이것을 간단히 "인간의
욕망이란 타자의 욕망이다"라는 명제로
정리한다. 이것은 정신분석적 의미에서
인간 주체의 욕망이 부모를 통해
수입된 세계의 지배 질서에 고스란히
사로잡히는 현상을 지시한다. 타자로서의
부모는 결국 세계의 고정관념을
아이에게 주입시키고 교육시키는
매개체다.

흐름 따위를 갖지 않는다. 그곳에서 시간은 결코 흐르지 않는다. 아마도 이것은 진지한 사유가 도달할 수 있는, 삶에 관한 가장 진실한 결론일 수 있다. 이것에 도달하기 위해 화가는, 진실한 예술가는 자신의 삶을 전혀 다른 반복 속에 가둔다. 그것은 세계-환상의 반복을 멈추기 위해 선택된 또 다른 반복이다.

발튀스의 소녀 이미지는 이러한 반복을 지탱하기 위해 선택된 물신이었다. 세계가 우리 안에서 반복되는 것에 저항하기 위해 조직된, 보다 진실한 반복을 지탱하는 소녀의 이미지. 그러나 이것은 사드가 반복해서 지배당하던 환상의 이미지와는 다른 것이었다. 사드가 성욕을 숭배한 반면, 발튀스는 공백을 숭배하고 있었기 때문이다. 소녀의 이미지는 공백을 드러내기 위해 던져진 한 줌의 먼지, 미끼, 덫에 불과하기 때문이다. 발튀스가 반복하던 것은 바로 이것, 공백의 가장자리에서 추는 아주 단순한 스텝의 춤이었다. 그리하여 **반복은 반복으로 극복된다**는 명제가 논증된다. 세계의 환상을 피하기 위해 화가는 공백의 가장자리에서 똑같은 스텝을 밟는다. 소량의 환상만을 허용한 채로 화가의 인생은 매혹적인 허무와 절망적인 환멸 사이에서 위태롭게 춤을 춘다. 그런 의미에서 발튀스가 반복하고 있었던 것은 공백과의 만남이라고 할 수 있지 않을까? 공백을 숭배하기 위해 마련된 특별한 제례 의식의 절차가 그림 그리는 행위였다고 할 수 있지 않을까? 그것은 공백의 허무가 주체를 삼켜버리는 것에 저항하는 동시에, 그로부터 지나치게 멀리 떨어지지 않도록 해주는 정교한 욕망의 장치였다고 말이다.

공백이 아닌 다른 것을 욕망할 수 없도록 던져진 미끼는 소녀의 환상이었지만, 환상에 매몰되지 않도록 하기 위해 이미지를 탈색시키고 덧없게 만드는 파라시오스적 승화 전략을 썼던 발튀스. 궁정풍 사랑의 숭배자들이 그러했듯이, 발튀스의 욕망은 스스로가 소멸시키는 대상에 자발적으로 사로잡힘으로써 욕망의 순수성을 보존한다. 소멸하기 직전의 소녀 이미지는 발튀스의 아케이로포이에토스가 되는 것이다. 또한 소녀의 이미지는 아나고지아의 형식, 즉 신비주의적 성서 해석의 형식으로 다루어지면서 고정관념으로부터 끝없이 미끄러져 달아난다. 그리하여 발튀스의 소녀성애는 소녀숭배로, 그리하여 공백의 숭배로 변화해간다. 이러한 전개는 그의 삶을 지배하는 세계-환상의 표면에 균열을 발생시킨다. 공백의 형식으로 소녀를 숭배하는 한 세계의 균열은 봉합되지 않은 채로 유지될 것이다. 세계의 권력에 대한 신성모독과도 다름없는, 그와 같은 비교적^{秘教的} 숭배의 의식을 반복하는 한 바벨의 언어는 승리하지 못할 것이다.

그런 의미에서 매일 아침 작업실에 들어서는 발튀스의 느린 발걸음은 공백을 숭배하는 수도사의 그것이었다. 숭고한 것들 중에서 가장 숭고한 대상인 공백을 숭배하기 위해 소녀의 이미지를 미끼로 다룰 줄 알았던 루시퍼의 수도사. 그 자신의 욕망을 사로잡기 위해 던져진 소녀성애적 이미지는 스스로를 소멸시키는 방식으로 발튀스를 공백과 조우하도록 만드는 가장 정교한 승화의 장치가 되었다. 이것은 세계-환상과의 만남이 반복되는 것을 멈추도록 하기 위해 공백과의 만남을 조율하는 욕망의 기술이다. 또한 공백과의 만남이 환멸과 우울증의 나락으로 추락하지 않도록 하기 위해 환상의 미끼를 조작하는 기술이기도 하다. 인위적으로 선택된 소량의 환상을 반복하는 방식으로 세계의 거대한 환상에 저항하는 욕망의 정치학이 그곳에서 발견되는 것이다. 중세의 수도사들이 깊은 동굴 속에서 한 발짝도 나가지 않으면서 수행하고자 했던 바로 그 핍진한 종교적 순례의 여정을, 어디로도 향하지 않으면서, 그럼에도 가장 먼 곳에 도달하게 만드는 기이한 여행의 전통을 발튀스는 이어받고 있었다. 환상으로 환상을 극복하는, 반복으로 반복을 넘어서는, 어디로도 가지 않으면서 가장 먼 곳에 도달하는 수도사의 전통을 20세기 루시퍼의 수도사 발튀스가 이어받고 있었다.

에필로그:
진리의 전염병

시작했던 장소로 다시 돌아가보자. 책의 서두에서
필자는 '그림자의 그림자'를 그리려 한다는 화가들에
대한 비난의 목소리를 소개한 바 있다. 이미 세상이 한
폭의 그림이라면 어째서 또 다른 그림을 그리려 하는가
라는 힐난 섞인 플라톤의 질문. 그림자의 그림자놀이가
세상을 타락시킨다는 비난. 그로부터 시작된 우리의
여정이 비로소 도달하게 된 마지막 장소에서 발견한
대답은 다음과 같았다. 화가가 세상의 그림을 다시
그리려 하는 것은 타자에 의해 그려진 세상이라는
그림 속에 갇히고 싶지 않기 때문이라고. 만일 세상이
한 폭의 그림이라면 우리의 존재 역시 그와 같은 그림
속의 일부일 수밖에 없다. 화가는 그렇게 그려진 세상의
그림을 다른 방식으로 그려냄으로써 스스로의 존재를

세상의 한계로부터 빠져나가도록 만들려 한다. 자신의
존재를 세계-환상의 고정관념으로부터 구해내기 위해
또 다른 그림을, 자신만의 고유한 환상인 그것을 창조해
낸 뒤 그것의 일부가 되는 방식으로 자신을 구하려는
것이다. 그렇게 하지 않는다면 우리 모두는 세계의 권력이
그려놓은 풍경화 속의 초라한 얼룩으로 남아야 하기
때문이다. 그곳에서는 무엇을 욕망해도(조증), 욕망하지
않아도(우울증), 세계의 권력이 이미 디자인해놓은 한계의
외부로 나갈 수 없다.

　　　중세인들은 이렇게 디자인된 세계의 한계를 바벨의
언어에 사로잡힌 '비유사성의 세상'이라고 간주했다.
한마디로 세계의 그림은 우상이었던 것이고, 이에 대한
성상파괴의 실천은 우상을 불태워 그것의 지배로부터
벗어나려는 시도였다. 프라 안젤리코가 그림 속의 공간을
흔드는 기술을 통해 목표로 했던 것 역시 세계의 환영적
공간을 흔드는 것이었고, 그로부터 빠져나가 방황을
시작하는 것이지 않았는가? 신성함에 관해 알려진 모든
종류의 고정관념에 대항하는 방식으로 신성과 신성모독을
결합시키려 했던 중세 화가들의 전통을 이어받은 발튀스
역시 동일한 것을 욕망하고 있었다. 세상의 그림을
지우는 방식으로 다시 그리는 것. 단지 세계를 지워버리는
성상파괴란 우울과 환멸의 함정일 테니, 지운 뒤 그것을

대신할 또 다른 그림을 그림으로써 세계에 대한 주체의 욕망을 보존하는 것. 이를 위해 발튀스가 사용했던 것은 욕망에 관한 기만적 환영들을 병들게 만드는 전략이었다. 욕망에 관한 정상성의 신화를 병들게 만드는 이미지의 전략. 그런 다음 병들게 하는 이미지조차도 다시 병들어 순수한 공백이 되도록 만드는 승화의 전략. 이중의 타락.

물론 병은 역겹고 두려우며 피해가고 싶은 것이다. 병든다는 것은 우리 자신이 의존하고 있었던 현재의 정상성이 소멸하는 사건이기에. 그러나 중세의 수도사들은 이러한 현재의 정상성 개념이 얼마나 보잘것없는 세속의 환상인지를 잘 알고 있었다. 이러한 관점을 수용한 20세기의 철학자들은 정상성에 관련된 지식이란 지배 권력이 자신의 현 상태를 항구적으로 보존하기 위해 설치해놓은 덫에 불과하다는 사실을 증명해냈다. 정상적이라고 말해지는 모든 상태는 결국 현재의 우리가 믿고 있는 신념에 의해 지탱되는 것이며, 그러한 신념들은 우리 자신이 발명해낸 것이라기보다 한 사회를 지배하는 권력이 자신들의 영향력을 존속시키기 위해 발명해낸 고정점들에 불과하다는 인식. 그리하여 사회를 지배하는 신념들은 자신들의 권위에 도전하는 모든 것을 비정상으로, 즉 병든 것으로 간주하고 억압하며 배제하려는 경향을 보인다는 사실. 이를 통해 법과

권력이 주체의 욕망을 멀리 가지 못하도록 제한하여
세계를 보존하려 할 때, 그 뒤 어떤 일이 벌어지는가?
이처럼 안정화된 욕망의 테두리 안에서 우리는 자신의
꿈을 실현하는 대신 이미 실현된 꿈의 사회적 모델들을
선택하도록 강요받게 된다. 그리하여 개인은 고유한
자아를 스스로 발명해내는 대신, 사회적으로 성공했다고
찬양되는 자아의 유형들을 따르도록 강요된다.

　　필자가 이 책에서 논증하려 했던 것은 그러한
억압에 대항해 출현하는 하나의 '병으로서의 예술'이었다.
히스테리와 성도착의 증상을 출현시키는 예술. 정상성의
영역에서 평온한 삶을 향유하던 우리의 일상을 미혹하여
병들게 하는 것으로서의 예술작품. 이를 위해 필자는
정신분석의 실제 임상 사례를 사용해서 병적인 이미지를
생산하는 예술에 대한 분석을 시도했다. 그런 의미에서
이 책은 '병적인 예술의 정신병리학과 그 계보'를
탐사하려 했다고 말할 수 있다. 플라톤이 비난했던 고대의
예술가들부터 그들의 전통을 이어받고자 했던 중세의
수도사-화가들을 거쳐 발튀스에서 절정에 이르는 병적인
이미지의 계보학, 또는 신성모독의 계보학을 찾아보려
했다. 이를 통해 필자가 진정으로 말하고 싶었던 것은
진리에 도달하고자 했던 예술가들의 고군분투가 그들의
삶에 국한되지 않는다는 것이다. 그들이 만들어내고

실천했던 '진리에 이르는 병'으로서의 예술이 단순한 질병이 아니라 전염병이라는 사실을 이해하는 것이 더 중요하다는 것이다. 병적인 이미지의 생산을 통해 진리에 접근하고자 했던 그들의 궤적은 일종의 전염병처럼 그것을 바라보는 관객, 즉 우리의 삶 또한 병들게 만들어 몰락으로 이끌 수 있다. 우리가 그들의 병적인 매혹에 마음을 열기만 한다면, 어느 날 문득 진리는 유령과도 같이 우리의 삶을 감염시키고 주어진 한계의 장벽을 오염시켜 무너뜨리는 진실한 힘을 발휘할 수 있을 것이기 때문이다.

이 책을 마치면서 필자가 강조하려는 것도 바로 이 부분이다. 진리는 전염된다는 사실, 혹은 바로 그 전염의 운동만이 역사 속에서 진리를 실체로서 구성해낸다는 사실 말이다. 진리, 그것은 신학적 철학이 수천 년간 믿어왔던 것처럼 초월적인 것도, 실체로서 영원한 것도 아니다. 그것은 우리의 욕망이 초과하는 순간 출현하는 사건이며, 또한 그러한 사건의 이름이 명명되어 전수되는 절차 그 자체라는 사실을 필자는 화가들의 우화를 통해 말하려고 했다. 그런 의미에서 이 책은 세계의 고정관념이 반복되는 것을 멈추기 위해 고안된 화가들의 특수한 반복 장치가 다시금 관객의 삶 속에서도 반복되어야 한다는 사실을, 그리하여 반복이 반복되어야 한다는 사실을 논증하는 절차이기도 했다. 보다 상식적으로 말해서 예술가들이 '창조'라고 부르는 행위가 통근 전철의 손잡이에 매달린 우리의 밋밋한 일상에서도 반복되어야 한다는 사실을, 이를 위해서는 그 어떤 천재성도 필요 없다는 사실을, 단지 강렬한 욕망의 출현과 그 보존이면 충분하다는 사실을, 이 책은 욕망의 정신병리적 구조를 분석하는 방식으로 해명하려 했다.

2018년 여름, 백상현

악마의 미학

타락과 위반의 중세 미술, 그리고 발튀스

1판 1쇄 2018년 10월 30일
1판 3쇄 2021년 4월 23일

지은이 백상현
펴낸이 김수기

펴낸곳 현실문화연구
등록 1999년 4월 23일 / 제2015-000091호
주소 서울시 은평구 불광로 128, 302호
전화 02-393-1125 / 팩스 02-393-1128 / 전자우편 hyunsilbook@daum.net
ⓗ blog.naver.com/hyunsilbook   ⓕ hyunsilbook   ⓘ hyunsilbook

ISBN 978-89-6564-223-7 (03100)

이 도서의 국립중앙도서관 출판예정도서목록(CIP)은
서지정보유통지원시스템 홈페이지(http://seoji.nl.go.kr)와
국가자료공동목록시스템(http://www.nl.go.kr/kolisnet)에서 이용하실 수 있습니다.
(CIP제어번호: CIP2018027707)